ErlebnisFreizeit

HITS FÜR KIDS BERLIN

50 Freizeittipps für die ganze Familie

Silke Keiper

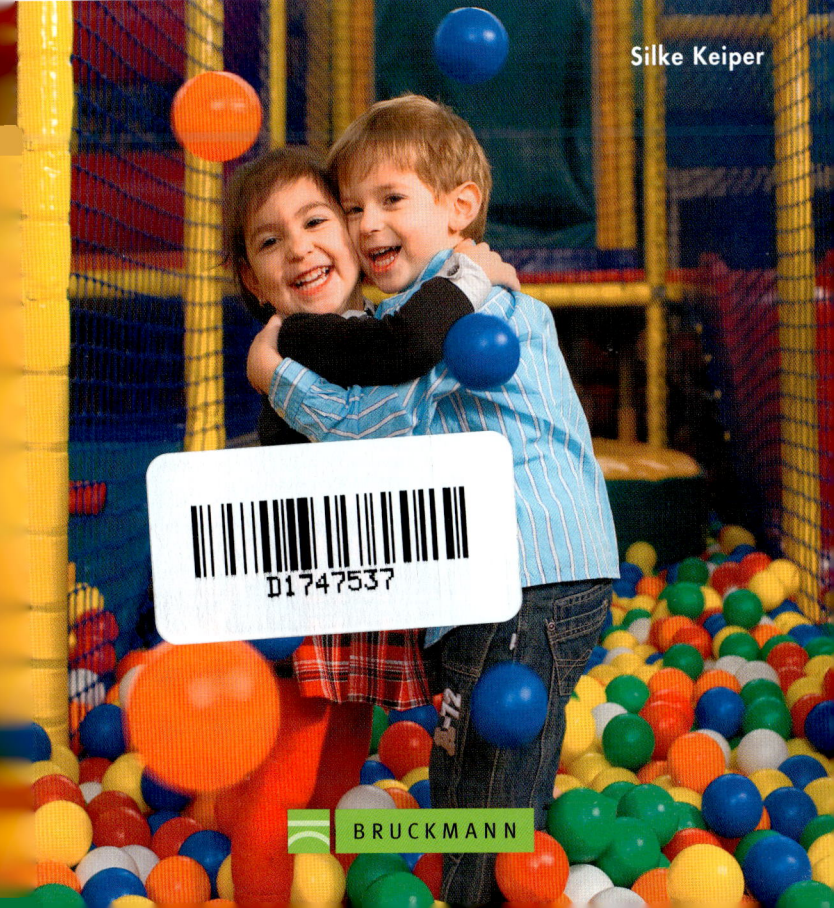

BRUCKMANN

Inhalt

Vorwort... 7

Abenteuer draußen

1	Eine aussichtsreiche Stadtrundfahrt mit dem 100er-Bus Vom Bahnhof Zoo zum Alexanderplatz – einmal quer durch die Mitte Berlins............................	14
2	Der Berliner Zoo Kleine und große Tiere aus aller Welt sind hier zu Hause	16
3	Tierpark Berlin-Friedrichsfelde Ein Schlosspark für wilde Tiere................................	18
4	Eine Dampferfahrt auf Spree und Landwehrkanal Wie viele Brücken hat Berlin?	20
5	Mit Hörspiel oder Führung die eigene Stadt erkunden Für Kinder und Eltern ein spannender Zeitvertreib	22
6	»Walk the wall« – mit dem MauerGuide durch Berlin Mit der Familie unterwegs auf dem ehemaligen Mauerstreifen..	24
7	Hochseilgarten Mount Mitte Die höchsten Gipfel Berlins erklimmen........................	26
8	Domäne Dahlem – Landgut und Museum Vom einstigen Rittergut zum Bio-Erlebnis-Bauernhof..........	28
9	Der Botanische Garten Berlin Von Zaubernüssen und duftenden Kuchenbäumen	30
10	Der Kinderbauernhof Pinke-Panke in Pankow Störrische Esel, freche Gänse und wollige Schafe mitten in der Großstadt	32
11	Das Museumsdorf Düppel Ein mittelalterliches Dorf im Südwesten von Berlin	34

Inhalt

12	Das Naturschutzzentrum Ökowerk Berlin Natur erleben auf Streifzügen durch den Grunewald	36
13	Das Waldmuseum und die Waldschule im Grunewald Gemeinsam spannende Abenteuer und Entdeckungen im Wald erleben	38
14	Waldwanderung zum Grunewaldturm an der Havel Eine Sanddüne und Naturschutzgebiete mitten in der Großstadt	40
15	Das FEZ Berlin und die Parkeisenbahn in der Wuhlheide Ein beliebter Ausflugs- und Begegnungsort für Kinder und Familien	42
16	Der Abenteuer- und Bauspielplatz KUHFUß in Treptow Selbst an einem eigenen kleinen Traumhaus bauen	44
17	Ein Ausflug in den Musemspark Rüdersdorf Im Geländewagen zum Fossiliensammeln und riesige Öfen bestaunen	46
18	Der Erholungspark Britzer Garten Ein Tag an der frischen Luft bringt Erholung für die ganze Familie	48
19	Die »Gärten der Welt« im Erholungspark Marzahn Ein Paradies zwischen Hochhäusern im ursprünglichen Wuhletal	52
20	Die Zitadelle in Spandau Eine uralte Burganlage als beliebtes Winterquartier für 10.000 Fledermäuse	54
21	Ein Ausflug auf die Pfaueninsel Ein Märchenschloss für Königin Luise und Pfauen in freier Natur erleben	58
22	Die Familienfarm Lübars im Norden von Berlin Landluft schnuppern auf einem Bauernhof und ein Besuch in Alt-Lübars	60

Inhalt

23 Mit der BVG-Fähre nach Kladow tuckern
Eine schöne Dampferfahrt mit Kind und Kegel
über den Großen Wannsee 62

24 Eine Erlebniswanderung durch den Berliner Stadtforst
Vom Lehrkabinett über den Waldlehrpfad
am Teufelsee zum Müggelturm................................ 64

25 Ein Tagesausflug nach Woltersdorf
Wo vor hundert Jahren Monumentalfilme gedreht wurden,
ist wieder Ruhe eingekehrt..................................... 66

26 Der Filmpark in Babelsberg
Eintauchen in die zauberhafte Welt des Films
in der Babelsberger Traumfabrik............................... 68

27 Park und Schloss Sanssouci
Wo Friedrich der Große gern Flöte spielte..................... 70

Abenteuer drinnen

28 Das Berliner Gruselkabinett
Nichts für schwache Nerven.................................... 74

29 Eine spannende U-Bahn-Tunnelwanderung
Spazieren gehen, wo sonst U-Bahnen fahren.................. 76

30 Die KochSpatzen
Die Geschmacksschule für Kinder in Prenzlauer Berg.......... 78

31 Miniatur Welten Berlin – LOXX am Alex
Berlin aus der Vogelperspektive 80

32 The Story of Berlin
Die Erlebnisausstellung zur Geschichte Berlins................ 82

33 Der Aqua Dom im Sea Life Center in Berlin
Das größte freistehende Aquarium der Welt.................... 84

34 Das Zoo-Aquarium Berlin
Alligatoren, Haie und Riesenschlangen 86

Inhalt

»Schau mir in die Augen Kleiner!«

35	Die Archenhold-Sternwarte Den Blick in die unendliche Weite des Weltalls richten	88
36	Das Zeiss-Großplanetarium Geschichten von Sonne, Mond und Sternen	90
37	Museum für Naturkunde Berlin Das größte aufgestellte Dinosaurierskelett der Welt	92
38	Deutsches Technikmuseum und Science Center Spectrum Berlin Selbst Daniel Düsentrieb würde hier aus dem Staunen nicht mehr herauskommen	96
39	Das Labyrinth Kindermuseum Berlin Ein Museum nur für Kinder	100
40	Das MACHmit! Museum für Kinder Ein Ort zur Förderung der kindlichen Kreativität...............	102
41	Das Puppentheater-Museum in Berlin-Neukölln Ein Museum als Erlebnisraum für Kinder und Erwachsene	104
42	Die Berliner Museen für Kinder Spannende Erlebnisse in der geheimnisvollen Welt der Museen	106

Inhalt

| 43 | Die Märchenhütte im Monbijoupark
Es war einmal vor langer, langer Zeit .... 108 |
| 44 | Theater für Kinder in Berlin
Alles Theater auch schon für die ganz Kleinen................. 110 |
| 45 | Theaterkurse für Kinder am Galli Theater Berlin
Kinder spielen Theater .... 116 |
| 46 | Der Kindercircus der ufaFabrik Berlin
Manege frei!, so heißt es einmal im Jahr
beim Kindercircusfestival für Groß und Klein .... 118 |
| 47 | Magic Mountain
Die atemberaubende Kletterhalle in Berlin..................... 120 |
| 48 | Indoor-Freizeitpark Jacks Fun World Berlin
Spiel und Spaß für die ganze Familie.......................... 122 |
| 49 | Die Biosphäre in Potsdam
Ein Erlebnisausflug in die vielfältige Welt des Regenwalds ..... 124 |
| 50 | Das Exploratorium Potsdam
Experimentieren – wenn's pufft, qualmt, raucht und zischt!.... 128 |

Schwimmbäder und Badeseen

Freizeitbäder und Badegewässer
Schwimmen und Baden in und um Berlin 132

Feste und Kinderevents

Feste und Veranstaltungen 138

Register 140

Impressum 144

Vorwort

Planen Sie gerade eine Reise mit Ihrer Familie nach Berlin oder leben Sie mit Ihren Kindern und Enkeln in dieser großen, aufregenden und spannenden Stadt? Glückspilze sind all jene, die hier wohnen und jede Woche etwas Schönes unternehmen können, denn Berlin ist groß, bunt und lebendig. Eine Stadt, die für Familien und Kinder viele aufregende Abenteuer, Entdeckungen und Überraschungen bereithält, eine kinderfreundliche Stadt mit internationalem Flair und immer eine Reise wert.

Für Sie alle – Eltern, Kinder, Großeltern und Enkel – ist dieser Freizeitführer gedacht. Mit diesem Buch möchte ich die schönsten Freizeitideen mit Ihnen teilen und Sie auf viele bekannte und noch unbekannte Ausflugsziele, Touren und Unternehmungen in der Stadt aufmerksam machen.

Berlin ist eine grüne Stadt am Wasser. Havel und Spree fließen mitten durch die Metropole und zahlreiche Seen im Stadtgebiet sind beliebte Ausflugsziele im Sommer wie im Winter. Die großen Waldgebiete im Südosten und Südwesten der Stadt sowie großflächige wunderschöne Parkanlagen laden zu Spaziergängen und Wanderungen ein. Hier können die Kids rennen, spielen, toben, Sport treiben und Fahrrad fahren. Im Sommer ist es ein Vergnügen, mit den Kids an einen der zahlreichen Badeseen zu fahren und sich mit der ganzen Familie ins Wasser zu stürzen, sei es zum Planschen oder Schwimmen, und die ersehnte Abkühlung zu genießen.

Ausflug in den Botanischen Garten

Gerade bei einem Berlinbesuch können Sie Ihre Kleinen nicht den ganzen Tag durch die Stadt und von einem Museum ins nächste schleifen. Die Kinder brauchen Abwechslung und zwischendurch auch Erholung, Zeit zum Spielen oder einen ruhigen Moment, um mal ein leckeres Eis zu

Vorwort

schlecken. Für diese Stunden bietet sich ein Besuch auf einem der vielen tollen Abenteuerspielplätze oder Kinderbauernhöfe an. So ein Ausflug macht den Kids Spaß und wird dem Bewegungsdrang der Sprösslinge gerecht. Aber wo haben Eltern und Kinder gemeinsam ihren Spaß? Wo ist richtig etwas los? Was kann man als Familie zusammen unternehmen?

Kinder wollen Action, Abenteuer, Abwechslung und immerzu Neues entdecken, und dazu gibt es in Berlin reichlich Gelegenheit. Doch natürlich möchten auch die Eltern nicht zu kurz kommen. Schließlich soll ja die ganze Familie bei den hier vorgestellten Ausflügen Freude und Spaß haben. Mit den Tipps in diesem Buch möchte ich alle erlebnishungrigen Kinder und deren Eltern glücklich machen.

Wie ist der Freizeitführer aufgebaut?

Rund 50 Ideen und Vorschläge für die Freizeitgestaltung von Familien werden in diesem Buch vorgestellt. Attraktionen und altersgerechte Veranstaltungen für Kinder, Ausflüge und Touren zu Wasser und an Land für die ganze Familie, Dampferfahrten, kurze Wanderungen und Stadtspaziergänge sowie Bauernhöfe, Familienevents, Museen, Parks, Spielplätze, Kindertheater und einiges mehr finden sich auf diesen Seiten. Alle Freizeittipps stehen für sich und können unabhängig voneinander gelesen werden.

Im Traumland von Janosch

Die »Abenteuer draußen« führen Sie und Ihre Familie durch die Stadt an viele Orte, an denen Sie etwas Schönes entdecken und erleben können. Ausflüge in die Natur locken natürlich besonders, wenn die Sonne lacht. An der frischen Luft unterwegs zu sein, draußen zu spielen und zu toben tut einfach gut. Aber auch feuchte, neblige Tage laden zu Waldspaziergängen oder zu einem Besuch der vielen Weihnachtsmärk-

Vorwort

te ein. Im Herbst mit den Füßen durch buntes Laub rascheln und auf dem Teufelsberg oder im Freizeit- und Erholungspark Lübars Drachen steigen lassen, das sind wunderbare gemeinsame Momente für die ganze Familie. Wir führen Sie zur Zitadelle nach Spandau, auf die Pfaueninsel und zum Grunewaldturm. In einer historischen Straßenbahn fahren Sie nach Woltersdorf, entde-

Auf dem Kinderbauernhof der ufaFabrik Berlin

cken zusammen mit Ihren Kindern mit Hörspielen die Stadt und den Kiez oder fahren in die Filmstudios nach Babelsberg. Wir schicken Sie auf Entdeckungstouren in den Botanischen Garten, den Tierpark und den Zoo Berlin.

Die »Abenteuer drinnen« enthalten viele Tipps für Regentage oder lange Winterwochenenden, an denen das Wetter mal nicht mitspielt und es draußen einfach zu nass und zu kalt ist. Für Unterhaltung ist auf jeden Fall gesorgt. Langeweile in Berlin gibt es nicht. In dieser Stadt findet sich für jeden die passende Freizeitbeschäftigung. Zum Beispiel können Sie mit Ihren Kleinen einen kalten Winternachmittag in der Märchenhütte verbringen, in eines der vielen spannenden und gerade auch für Kinder interessanten Museen gehen oder sich lieber die Zeit in Jacks Fun World, einer riesigen Indoor-Spielwelt, vertreiben. Wir verraten, wo sich die unglaublichsten Fische und Meeresbewohner in Berlin verbergen, wo das größte Dinosaurierskelett der Welt steht, wo Sie den Sternen besonders nah sein können und wo Marionetten und Puppen zum Leben erwachen und Lust auf ein Schwätzchen mit Ihren Kindern haben.

Im Anschluss finden Sie noch für Familien geeignete Feste und Veranstaltungen und einen weiteren Abschnitt, in dem die schönsten Orte zum Baden und Schwimmen in Berlin vorgestellt werden.

Vorwort

Ostern im Britzer Garten

In vielen in diesem Buch vorgestellten Freizeiteinrichtungen und Museen können Sie die Kindergeburtstagsparty Ihres Kindes feiern. Das Angebot der verschiedenen Einrichtungen und die attraktiven Ideen für die kleinen Geburtstagsgesellschaften sind fast unüberschaubar. Die schönsten und ungewöhnlichsten Ideen haben wir erwähnt. Falls Sie Ihrem Kind ein so ungewöhnliches Geburtstagfest schenken möchten, sollten Sie rechtzeitig den Termin reservieren, da sich diese Angebote großer Beliebtheit erfreuen.

Schön an diesem Freizeitführer ist auch, dass alle im Buch vorgestellten Ausflugsziele und Orte mit den öffentlichen Verkehrsmitteln (Bus, Tram, S-Bahn und U-Bahn) zu erreichen sind. Berlin hat ein gut ausgebautes öffentliches Verkehrsnetz und man kommt prima überall hin. Bis in die hintersten Winkel der Stadt fahren noch Busse. Natürlich können Sie auch das Auto nehmen, doch in der Innenstadt ist es oft schwierig, einen Parkplatz zu finden. Und hat man dann endlich einen gefunden, ist der Weg vom Parkplatz zum Museum oder Theater meist viel weiter als er von der Bushaltestelle oder vom S- oder U-Bahnhof gewesen wäre.

Die Informationen des Freizeitführers entsprechen dem neuesten Stand. Allerdings kann es immer mal vorkommen, dass sich Eintrittspreise und Öffnungszeiten ändern. Am besten Sie schauen vor dem geplanten Ausflug noch mal im Internet nach oder rufen an und ersparen sich unangenehme Überraschungen und den Kindern große Enttäuschungen, wenn Sie vor verschlossenen Türen stehen sollten.

Die aktuellen Tagesprogramme, Spielpläne oder Veranstaltungen sowie weitere Termine und Tipps zu Kindertheateraufführungen oder Events für Familien und Kinder können Sie den Veranstaltungsmagazinen »tipp« und »zitty« oder den Programmbeilagen der Tageszeitungen entnehmen.

Vorwort

Bei den hier zusammengetragenen Freizeitideen ist für jeden Geldbeutel das Richtige dabei. Einige Unternehmungen sind sogar kostenlos und bei fast allen kostenpflichtigen Angeboten gibt es Kinderermäßigungen und Familienkarten, die den Geldbeutel schonen. Der Eintritt in die Staatlichen Museen zu Berlin ist für Kinder und Jugendliche bis 18 Jahre frei.

Für Familien und Kinder in Berlin gibt es den Berliner FamilienPass und den Super-Ferien-Pass. Beide Pässe bieten vielfältige Vergünstigungen und freien Eintritt in einigen Einrichtungen oder bei Veranstaltungen. Für Berlinbesucher ist die WelcomeCard interessant. Auch diese gewährt verbilligten Eintritt und Rabatte.

So, nun ist alles Wichtige vorweg gesagt und ich möchte Sie nicht länger davon abhalten, sich in die Freizeittipps zu vertiefen und den nächsten Ausflug zu planen. Ihnen und Ihrer ganzen Familie viel Spaß beim Entdecken, Spielen und Staunen in Berlin!

🐷	Spartipp	🚼	auch für kleine Kinder geeignet
🔥	Abenteuer	🐰	Unternehmungen mit Tieren
💡	Lehrreiches	🚲	Fahrradtouren
🏊	Schwimmbäder		Freibäder und Badeseen
	Feste & Veranstaltungen	〰	Unternehmungen am Wasser
	Wanderungen	🖼	Kulturelles

Im Herbstlaub des Erholungspark Marzahn toben macht Kindern Spaß.

Abenteuer draußen

Abenteuer draußen

1 Eine aussichtsreiche Stadtrundfahrt mit dem 100er-Bus

Vom Bahnhof Zoo zum Alexanderplatz – einmal quer durch die Mitte Berlins

Alles stürmt die Treppe hoch im 100er-Bus, einem dieser typischen Berliner Doppeldeckerbusse, um einen Fensterplatz zu ergattern. Die besten Plätze sind schließlich oben in der ersten Reihe.

Am Bahnhof Zoologischer Garten, dem Ausgangspunkt unserer kleinen Stadtrundfahrt, besteigen wir den Bus und los geht die Fahrt. Dies ist eine Stadtrundfahrt zum kleinen Preis, denn im Gegensatz zu den offiziellen Stadtrundfahrten genügt hier ein ganz normaler Fahrschein der öffentlichen Verkehrsmittel. Vorbei geht es an der Gedächtniskirche mit dem im Krieg zerstörten Turm, dem Elefantentor am Eingang zum Zoo Berlin und dem Aquarium, dann durch das Botschaftsviertel und den Tiergarten. Am Großen Stern rollt der Bus an der Siegessäule vorbei, die von der »Gold-Else« gekrönt wird. Von dort oben hat man einen herrlichen Blick über Berlin. Das Schloss Bellevue ist Sitz des Bundespräsidenten, und weiter geht's am Haus der Kulturen der Welt vorbei bis zum Bundestag.

- **Anfahrt:** Ausgangspunkt der Busrundfahrt ist die Haltestelle des 100er-Busses am Bahnhof Zoologischer Garten. Die Fahrt endet am Bahnhof Alexanderplatz. Natürlich kann man die Tour auch in die andere Richtung unternehmen.
- **Öffnungszeiten:** Zu jeder Tageszeit möglich.
- **Preise:** Das normale VBB-Ticket berechtigt zur Benutzung des Busses. Natürlich gelten alle Monats-und Tageskarten des VBB, diese haben den Vorteil, dass Sie die Tour unterbrechen, unterwegs aussteigen und in einen der nächsten Busse wieder einsteigen können. Eintritt für den Fernsehturm: Erwachsene 11,- €, Kinder bis 16 Jahre 7,- €, für Kinder bis 3 Jahre ist der Eintritt frei.
- **Altersempfehlung:** Ab Kindergartenalter.
- **Einkehr:** Um das Brandenburger Tor, Unter den Linden und am Alexanderplatz locken viele Cafés, Imbisse und Restaurants mit köstlichen Kleinigkeiten.
- **Info:** www.bus100.de, www.bvg.de.

Stadtrundfahrt mit dem 100er-Bus

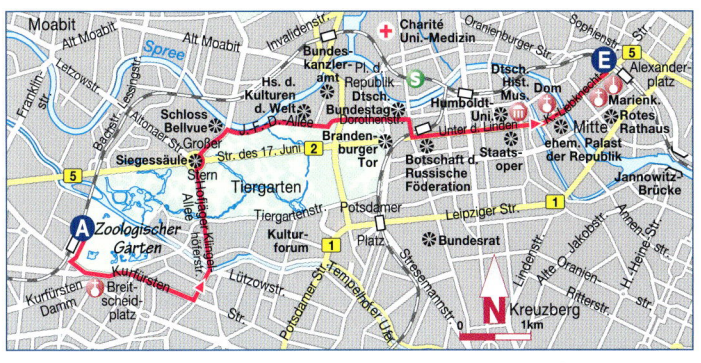

Der Bundestag im ehemaligen Reichstagsgebäude ist ein Besuchermagnet. Auch Familien sollten hier möglichst einen Zwischenstopp einlegen: auf die Kuppel hochsteigen, den Panoramablick über Berlin genießen und von der Besuchertribüne aus erleben und sehen, wo Politik gemacht wird. Danach können Sie zum Bundeskanzleramt hinüberlaufen, schauen, wo die Bundeskanzlerin ihren Sitz hat, und dann durchs Brandenburger Tor spazieren. Auf dem Pariser Platz angelangt gibt es zwei Möglichkeiten. Wie steht's mit der Lauffreude und der Kondition der Kinder? Möchten sie wieder in den nächsten Bus steigen und direkt bis zum Alexanderplatz weiterfahren oder lieber den Boulevard Unter den Linden entlangschlendern? Der Weg führt vorbei an der Sowjetischen Botschaft, der Humboldt-Universität, der Staatsoper, am Lustgarten, am Berliner Dom und der Museumsinsel, am Roten Rathaus bis zum Fernsehturm auf dem Alexanderplatz, dem höchsten Gebäude der Stadt. Eine Fahrt im Fahrstuhl hinauf auf den Turm dauert ganze 40 Sekunden. In der Kugel in 200 Metern Höhe befindet sich das Telecafé. Dieses dreht sich in einer halben Stunde einmal um die eigene Achse. Eine prima Gelegenheit für ein Eis oder ein Erfrischungsgetränk, bei dem der spektakuläre Blick in alle Himmelsrichtungen genossen werden kann.

Tipp

Kinder ab 6 Jahren erhalten am Infostand in der Glaskuppel einen speziellen Audioguide. Bernd das Brot, Briegel der Busch und Chili das Schaf besuchen den Reichstag und erleben spannende Abenteuer. Den Kindern vermittelt der Audioguide Wissenswertes über das Gebäude, den Bundestag und das Regierungsviertel. Der Besuch der Kuppel ist gratis.

Abenteuer draußen

2 Der Berliner Zoo
Kleine und große Tiere aus aller Welt sind hier zu Hause

Kletteräffchen

Gleich neben dem Bahnhof Zoo, mitten im Stadtzentrum, liegt der Berliner Zoo. 1844 gegründet, gehört der älteste Zoo Deutschlands zu den artenreichsten und interessantesten der Welt. Rund 140 Tiere leben auf einem 34 Hektar großen Areal.

Ein Tag im Zoo ist aufregend und spannend. Exoten und Haustiere locken neugierige Besucher, die Kleinen genauso wie die Großen. Hier gibt es das ganze Jahr über Neues zu entdecken und zu erfahren. Flächenmäßig kleiner als der Tierpark in Friedrichsfelde beeindruckt der Zoo mit der ungewöhnlichen Vielfalt seiner Be-

- ■ **Anfahrt:** Eingang Hardenbergplatz: S-Bahn: S3, S5, S7, S75 bis Bahnhof Zoologischer Garten; U-Bahn: U2 und U9 bis Bahnhof Zoologischer Garten; Bus: X9, 109, M49, X10, X34, 110, M45, 245, 100, 200, M46, 204, 249 bis Bahnhof Zoologischer Garten. Eingang Elefantentor Budapester Straße: U-Bahn U1, U2 und U3 bis U-Bahnhof Wittenbergplatz.
- ■ **Öffnungszeiten:** 1. Jan. bis 20. März 9–17 Uhr (Kassenschluss: 16.30 Uhr), 21. März bis 3. Okt. 9–19 Uhr (Kassenschluss: 18 Uhr), 4. Okt. bis 31. Dez. 9–17 Uhr (Kassenschluss: 16.30 Uhr), 24. Dez. 9–14 Uhr.
- ■ **Preise:** Zoo: Erwachsene 13,- €, Kinder (5–15 Jahre) 6,50 €, Schüler (ab 16 Jahre) 10,- €, Kleines Familienticket (1 Erw. mit Kindern bis 15 Jahre) 22,- €, Standard Familienticket (2 Erw. mit Kindern bis 15 Jahre) 35,- €. Zoo und Aquarium: Erwachsene 20,- €, Kinder (5–15 Jahre) 10,- €, Schüler (ab 16 Jahre) 15,- €, Kleines Familienticket (1 Erw. mit Kindern bis 15 Jahre) 33,- €, Standard Familienticket (2 Erw. mit Kindern bis 15 Jahre) 50,- €.
- ■ **Altersempfehlung:** Ab 2 Jahre, für die ganze Familie.
- ■ **Einkehr:** Restaurant, Imbissbuden und Eisverkäufer im Zoo.
- ■ **Info:** Zoologischer Garten Berlin, Hardenbergplatz 8, 10787 Berlin, Tel. 030/25 40 10, www.zoo-berlin.de.

Der Berliner Zoo

wohner. Bei einem Spaziergang durch den Garten können Sie mit Ihren Kindern Bären, Elefanten, rosarote Flamingos, Giraffen, Kamele, Löwen, Pinguine, Wölfe, Zebras und viele weitere Tiere live erleben.

Die Architektur einiger Tierhäuser, wie das Antilopenhaus mit seinen vier Minaretten, das indische Elefantenhaus oder das japanische Stelzvogelhaus, strahlt exotisches Flair aus. Das moderne Flusspferdhaus mit der gläsernen Doppelkuppel beeindruckt. Hier werden Fluss- und Zwergflusspferde gehalten. Durch dicke Panoramaglasscheiben können Sie beobachten, wie die an Land schwerfälligen Tiere mühelos in ihrer Unterwasserwelt schweben.

Der 2006 geborene und leider im März 2011 verstorbene Eisbär Knut war der Liebling der Zoobesucher. Doch locken auch viele andere interessante und einzigartige Tiere und Tierbabys, die jedes Jahr im Zoo geboren werden. Eine ganz besondere Attraktion des Gartens ist Bao Bao, der bereits etwas betagte Große Panda. Nicht entgehen lassen sollten Sie sich die Flughunde im fast stockdunklen Nachttierhaus im Keller des Raubtierhauses.

Doch ob Sie nun zuerst die Pinguine besuchen oder die Gorillas und Orang-Utans beim Obstessen beobachten und zuschauen, wie sie an ihren Kletterästen hängen und hin- und herschwingen, oder vielleicht doch lieber zuerst durch die von Vogelgezwitscher erfüllte Urwaldvegetation der Freiflughalle des Vogelhauses wandern möchten, bleibt Ihnen überlassen.

Für die kleineren Besucher ist die tägliche Robbenfütterung ein großartiger Höhepunkt des Tages. Einige der Tiere zeigen sogar kleine Kunststücke, bevor sie den geliebten Fisch erhalten. Auch der Kinderzoo, einem kleinen Bauernhof ähnelnd, zieht die jüngeren Zoobesucher an. Hier können Ponys, Schafe und Ziegen mit speziellem Futter gefüttert und vor allen Dingen berührt und gestreichelt werden. Zur Abwechslung ist noch ein großer Spielplatz auf dem Zoogelände angelegt.

> **Tipp**
> Der Zoo bietet Zoo-Rallyes und Safaris für Kinder an. Es gibt eine Artenschutzrallye »Panda & Co« sowie Zoo-Safaris nach Südamerika, Afrika und Asien. Im Bereich des Raubtierhauses gibt es an Wochenenden ein Infomobil, wo die kleinen Zoo-Experten nach der Rallye oder Safari mit Zoo-Mitarbeitern diskutieren können. Der Berliner Zoo bietet auch Ferienprogramme für Kinder ab 7 Jahre an.

Abenteuer draußen

3 Tierpark Berlin-Friedrichsfelde
Ein Schlosspark für wilde Tiere

Ein Besuch im Tierpark ist ein wahres Abenteuer. Diese grüne Oase ist ein idealer Ort für einen Ausflug mit der ganzen Familie. Alt und Jung bestaunen und beobachten gemeinsam wilde Löwen und Tiger oder sehen den niedlichen neugeborenen Tieren beim Spielen zu.

Junge Panther

Der Tierpark Berlin wurde 1955 als Ostberliner Pendant zum Berliner Zoo auf dem Gelände des Schlossparks in Friedrichsfelde gegründet. Mit rund 8700 Tieren ist er nicht ganz so artenreich wie der Zoologische Garten im Westen der Stadt, aber durch seine ca. 160 Hektar große Fläche gilt er als der größte Landschaftstiergarten in Europa. Das Schloss Friedrichsfelde ist ein frühklassizistisches Schmuckstück und liegt auch heute noch, frisch renoviert, im Tier-

- ■ **Anfahrt:** U-Bahn: U5 bis Bahnhof Tierpark. Tram: M17, 27 oder 37 bis Tierpark Berlin oder U Tierpark. Bus: 296 bis U Tierpark oder 194 bis Am Tierpark/A.-Kowalke-Straße.
- ■ **Öffnungszeiten:** 1. Jan. bis 19. März 9–16 Uhr, 20. März bis 12. Sept. 9–18 Uhr, 13. Sept. bis 24. Okt. 9–17 Uhr, 25. Okt. bis 30. Dez. 9–16 Uhr.
- ■ **Preise:** Erwachsene 12,- €, Kinder (5–15 Jahre) 6,- €, Schüler (ab 16 Jahre) 9,- €, Kleines Familienticket (1 Erw. mit Kindern bis 15 Jahre) 20,- €, Großes Familienticket (2 Erw. mit Kindern bis 15 Jahre) 32,- €. Parkeisenbahn: Erwachsene 4,- €, Kinder (3–12 Jahre) 3,- €.
- ■ **Altersempfehlung:** Für die ganze Familie.
- ■ **Einkehr:** Cafeteria neben den Aquarien, Terrassencafé in der Nähe des Eingangs Bärenschaufenster, Kindercafé beim Tierkinderzoo, Imbissstände beim Affenhaus und beim Alfred-Brehm-Haus.
- ■ **Info:** Tierpark Berlin-Friedrichsfelde GmbH, Am Tierpark 125, 10319 Berlin, Tel. 030/51 53 10, www.zoo-berlin.de.

Tierpark Berlin-Friedrichsfelde

park und kann besichtigt werden. Auf den Blumenrabatten und Rasenflächen stolzieren Pelikane frei herum.

Die großflächigen Freianlagen und die naturnahe Gehegegestaltung für viele Tiere ermöglichen die Haltung von Huftieren im Herdenverband. Die Tiere scheinen sich hier ausgesprochen wohl zu fühlen. Schöne Sichtachsen geben den Blick frei auf weidende Antilopen, Giraffen, Kamele und Trampeltiere. Aufgrund des häufigen Elefantennachwuchses in den letzten Jahren genießt der Tierpark den Ruf, zu den erfolgreichsten Elefantenzüchtern in der europäischen Zoowelt zu gehören. Cinta, Dimas, Kando und Kariba, so heißen einige der 16 kleinen Elefanten, die in den letzten Jahren hier zur Welt gekommen sind.

Zu den bekanntesten Anlagen und Gebäuden im Tierpark zählen das Alfred-Brehm-Haus, das Dickhäuter-Haus, die drei großen Bärenanlagen und die sogenannte Schlangenfarm, das Terrarium sowie die Krokodilhalle. Im Alfred-Brehm-Haus sind die Großkatzen zu Hause. Jaguare, Leoparden, Löwen, Panther und Tiger gibt es hier zu sehen. Eine Tropenhalle mit exotischen Pflanzen und Gewächsen, bunten Vögeln und Indischen Riesenflugfüchsen erwartet die Besucher. Das Dickhäuter-Haus mit seinen Freianlagen beherbergt Afrikanische und Asiatische Elefanten. In der Mitte der großen Besucherhalle befindet sich ein großes Schaubecken. Durch dicke Scheiben können Sie Seekühe beobachten, die gemütlich und schwerelos unter Wasser schwimmen. Großen Spaß macht es, mit Kindern bei der Raubtierfütterung oder den Elefanten beim Baden zuzuschauen.

Tipp
Fütterung der Großkatzen täglich außer Fr ca. 15 Uhr, Badezeiten der Elefanten jeweils Sa und So ca. 12 Uhr. Wenn Sie mit kleinen Kindern unterwegs sind, sollten Sie einen Kinderwagen mitnehmen, da der Park weitläufig ist und kleine Kinder vielleicht nicht den ganzen Tag laufen wollen. Für 4,- € können auch Bollerwagen ausgeliehen werden (Pfand 10,- €).

Für Kinder gibt es zudem einen großen Spielplatz und einen Streichelzoo. Weitere Attraktionen sind die Parkeisenbahn, die in der Saison durch den Tierpark zuckelt, sowie die Tierparkfeste im Sommer.

Süßer Nachwuchs

Abenteuer draußen

4 Eine Dampferfahrt auf Spree und Landwehrkanal
Wie viele Brücken hat Berlin?

Eine Tour mit dem Schiff auf der Spree durch die Berliner Mitte gehört zu den ganz besonderen Berlin-Erlebnissen. Gerade im Sommer ist es wunderschön, die Stadt vom Deck eines Schiffes aus an sich vorbeiziehen zu lassen.

Berlin ist eine Stadt am Wasser. Spree und Havel fließen durch die Metropole, und so bietet es sich an, die Stadt vom Wasser aus zu erleben und zu erkunden. Für Familien, die nur für ein paar Tage in Berlin zu Besuch sind und nicht die Zeit haben, alles zu sehen, eignet sich besonders die einstündige Sightseeing-Tour mit dem Dampfer durch die historische Berliner Stadtmitte. Natürlich ist die Schiffstour auch für alle kleinen und großen Berliner zu empfehlen.

Die berühmte Berliner Luft weht den kleinen Seebären um die Nase und die Eltern können entspannt mit einer Tasse Kaffee an Deck sitzen. Lang-

- ■ **Anfahrt:** Die Rundfahrten beginnen an verschiedenen Anlegestellen und die Dampfer verkehren in beide Richtungen. Mögliche Startpunkte sind z. B.: Nikolaiviertel: Mit der S-Bahn zum Bahnhof Alexanderplatz, dann ca. 10 Min. zu Fuß. Friedrichstraße: Mit der S-Bahn zum Bahnhof Friedrichstraße. Kanzleramt/Haus der Kulturen der Welt: In wenigen Min. zu Fuß vom Berliner Hauptbahnhof.
- ■ **Abfahrtszeiten:** Historische Stadtrundfahrt tagsüber im 30-Min.-Takt. Brückenfahrt etwa jede Stunde.
- ■ **Preise:** Historische Stadtrundfahrt: Erwachsene ca. 9,- €, Kinder (6–14 Jahre) ca. 4,50 €. Brückenfahrt (Rundfahrt): Erwachsene ca. 18,- €, Kinder (6–14 Jahre) ca. 8,50 €. Die Preise variieren je nach Strecke und Reederei.
- ■ **Altersempfehlung:** Für die ganze Familie geeignet.
- ■ **Einkehr:** An Bord gibt es einen Imbiss.
- ■ **Info:** Reederei Riedel: www.reederei-riedel.de; Stern & Kreisschifffahrt: www.sternundkreis.de.

Eine Dampferfahrt auf Spree und Landwehrkanal

weilig wird es bestimmt nicht, denn es gibt zu beiden Seiten der Spree viel zu sehen. Ab Nikolaiviertel, dem ältesten Wohngebiet Berlins, oder dem Berliner Dom fährt das Schiff vorbei am Reichstag, durch das neue Regierungsviertel und zum Haus der Kulturen der Welt. Noch bis zur nächsten Brücke, und dort, am Schloss Bellevue, wird gewendet. Wieder Richtung Nikolaiviertel unterwegs lassen wir den neuen Hauptbahnhof, die weltberühmte Museumsinsel und den Berliner Dom an uns vorbeigleiten.

All jenen, die mehr Zeit mitbringen und Berlin intensiver vom Wasser aus kennenlernen und genießen wollen, sei die Brückenfahrt auf dem Landwehrkanal und der Spree ans Herz gelegt. Auf der dreieinhalbstündigen Tour schippern Sie mit Kind und Kegel ganz gemächlich übers Wasser, während die historischen und modernen Sehenswürdigkeiten der Stadt an Ihren Augen vorbeiziehen: Museumsinsel, Regierungsviertel, Spreebogen und Potsdamer Platz, Technikmuseum und Schloss Charlottenburg, die East Side Gallery und die Oberbaumbrücke. Während der Fahrt passiert das Schiff die Mühlendammschleuse und die Oberschleuse sowie rund 40 Brücken, bei denen sich oben an Deck alle hinsetzen müssen, da die Brücken recht niedrig sind. An Bord werden die Fahrgäste vom Kapitän über die Sehenswürdigkeiten informiert, auch die eine oder andere lustige Anekdote wird erzählt.

Dampferfahrt auf der Spree

Hinter der Oberbaumbrücke biegt der Dampfer in den schmalen Landwehrkanal ein. Hier sind die Ufer mit Kastanienbäumen und Weiden, die ihre langen Zweige ins Wasser hängen lassen, bewachsen. Unerwartete Einblicke in Wohngegenden und auf Industrieflächen bieten sich vom Wasser aus.

Tipp
Die Brückenfahrten werden auch in den Abendstunden angeboten. Eine Fahrt bei Nacht ist besonders stimmungsvoll, wenn sich die beleuchteten Gebäude und Lichter im Wasser spiegeln und die Luft lau ist. Auch Dampferfahrten auf dem Müggelsee oder dem Wannsee, verbunden mit einem Waldspaziergang und einem Besuch im Ausflugslokal, sind schöne Tagesausflüge.

Abenteuer draußen

5 Mit Hörspiel oder Führung die eigene Stadt erkunden
Für Kinder und Eltern ein spannender Zeitvertreib

Kennen Ihre Kinder und Sie den Drachen Dschali oder den Kater Socks? Nein? Kater Socks ist neu in Berlin und wohnt in Prenzlauer Berg. Der Drache Dschali hingegen lebt schon seit rund 400 Jahren in der Stadt in einem der Türme der Oberbaumbrücke und hat schon viel erlebt und gesehen.

Auf Entdeckungstour im Kiez

Um mehr von Dschali und Socks zu erfahren und ihre Geschichten zu hören, leihen Sie sich einen Audioguide aus, setzen die Kopfhörer auf und los geht's zur Stadterkundung. Lernen Sie die beiden näher kennen und erkunden Sie gemeinsam mit ihnen auf ungewöhnliche Weise die Stadt.

Die Audioguides mit jeweils einem Hörspiel für Eltern und Kinder sind von »Stadt

■ **Anfahrt/Ausgangspunkt:** U-Bahn: U1 bis Station Schlesisches Tor. S-Bahn: S41/S42 bis Station Prenzlauer Allee. Tram: M10 bis Haltestelle Prenzlauer Allee/Danziger Straße oder M2 bis Haltestelle Fröbelstraße.
■ **Öffnungszeiten:** MACHmit! Museum Di–So 10–17 Uhr. Café San Remo Upflamör hat Mo–Fr ab 16 Uhr und Sa, So ab 14 Uhr geöffnet.
■ **Preise:** Die Ausleihe für einen Audioguide kostet 4,- €, ein Gerät mit zwei Kopfhörern 5,- €.
■ **Altersempfehlung:** Für Familien und Kinder ab 6 Jahre.
■ **Einkehr:** Kneipen und Cafés rund um den Helmholzplatz bzw. am Schlesischen Tor.
■ **Info:** www.stadt-im-ohr.de. Den Audioguide »Zwischen den Welten« kann man im Café San Remo Upflamör (Falckensteinstraße 46, 10997 Berlin) ausleihen, den Audioguide »Der Kater vom Helmholzplatz« im MACHmit! Museum (Senefelderstraße 5, 10437 Berlin).

Mit Hörspiel oder Führung die eigene Stadt erkunden

im Ohr« und bieten eine ganz neue und ungewöhnliche Art von Freizeitbeschäftigung und Stadtführung. Es sind Hörspiele zum Mitlaufen. Auf spielerische Art und auf eigene Faust erkunden die Kinder gemeinsam mit Eltern oder Freunden den Kiez, streifen durch die Straßen und lernen so die eigene Stadt näher kennen. Die abenteuerlichen Kiezerkundungen sind bei fast jedem Wetter machbar und machen richtig Spaß. Bis jetzt gibt es zwei Geschichten: »Zwischen den Welten«, ein Familienhörspiel zum Erkunden der Oberbaumbrücke, und »Der Kater vom Helmholzplatz«, der unbedingt seine neue Wohngegend, den Helmholzplatz in Prenzlauer Berg, besser kennenlernen will. Dabei wird er von Kindern der Thomas-Mann-Grundschule begleitet. Die zwei Hörspiele sind in Zusammenarbeit mit Schülern von Berliner Grundschulen aus dem jeweiligen Kiez entstanden.

Bei der Kindertour »Emils neue Detektive«, einer geführten Tour von »StattReisen Berlin«, begeben sich die Kinder auf die Spuren von Erich Kästners Buch »Emil und die Detektive«. Die Kinder verfolgen auf der Tour durch die Berliner Innenstadt den Dieb mit dem schwarzen Hut, Herrn Grundeis, aus der Geschichte von Kästner. Wie Emil und seine Freunde im Buch verfolgen die Kinder die Spuren des geheimnisvollen Mannes. Sie übernehmen detektivische Aufgaben und schlüpfen dafür in die Rollen von Emil und seinen Freunden. Bei der Spurensuche entdecken die Kinder, dass sich das Stadtbild durch den Zweiten Weltkrieg sehr gewandelt hat. Auch das ehemalige Wohnhaus Erich Kästners steht nicht mehr, aber am Nollendorfplatz haben einige Schauplätze aus Kästners Buch den Krieg fast unbeschadet überstanden.

■ **Anfahrt:** S-Bahn: S3, S5, S7 und S75. U-Bahn: U2 und U9 bis Zoologischer Garten.

■ **Ausgangspunkt:** Treffpunkt ist in der Empfangshalle im Bahnhof Zoo, an der Treppe unter der Anzeigentafel. Die Tour dauert rund 2 Stunden.

■ **Öffnungszeiten:** Beginn 14 Uhr. Um Voranmeldung wird gebeten.

■ **Preise:** Kinder bis 14 Jahre 5,- €, Erwachsene 7,- €. Hinzu kommen Fahrscheine für den öffentlichen Nahverkehr, diese sind im Preis nicht enthalten.

■ **Altersempfehlung:** Für Kinder ab 8 Jahre.

■ **Einkehr:** Rund um den Nollendorfplatz, in der Maaßenstraße und um den Winterfeldtplatz gibt es eine große Auswahl an Cafés und kleinen Restaurants.

■ **Info:** StattReisen Berlin, Malplaquetstraße 5, 13347 Berlin, Tel. 030/455 30 28, www.stattreisenberlin.de.

Abenteuer draußen

6 »Walk the wall« – mit dem MauerGuide durch Berlin

Mit der Familie unterwegs auf dem ehemaligen Mauerstreifen

Heute ist die Berliner Mauer fast ganz aus dem Stadtbild verschwunden und die Stadt wieder zusammengewachsen. Doch ist die Mauer Teil der Geschichte Berlins und mit dem Discovery Tours MauerGuide können Sie mit der Familie auf Spurensuche gehen.

- **Ausgabestellen/Öffnungszeiten:** Bernauer Straße/Gedenkstätte Berliner Mauer, Nov. bis März 10–18 Uhr, April bis Okt. 9.30–19 Uhr. Mo geschlossen. Brandenburger Tor im U-Bahnhof Pariser Platz täglich 10–20 Uhr. Am Checkpoint Charlie (U-Bahn Kochstraße) Nov. bis März 10–14 Uhr und April bis Okt. 10–18 Uhr.
- **Preise:** Leihgebühr für 4 Stunden 8,- €, pro Tag 10,- €, MauerGuide plus Fahrrad 15,- €.
- **Altersempfehlung:** Ab 13 Jahre.
- **Einkehr:** Unterwegs kommen Sie an vielen Cafés, Imbissen und Restaurants vorbei. Entscheiden Sie selbst, wenn Sie oder Ihre Kinder der Hunger überkommt.
- **Info:** www.mauerguide.com.

Mauerreste

Die erste GPS-gesteuerte Führung entlang dem ehemaligen Mauerverlauf durch Berlin ist speziell für Fußgänger entwickelt worden und eignet sich hervorragend für alle Berlinbesucher und historisch interessierten Familien mit größeren Kindern, um der Geschichte der Stadt und der Berliner Mauer nachzuspüren. Die Mauertour mit dem MauerGuide können Sie je nach Interesse, Vorkenntnissen und Zeit individuell gestalten. Sie entscheiden selbst, welche Orte Ihnen wichtig sind. Ausgangspunkte der Erkundungstouren sind jeweils auch die Ausgabeorte der Geräte. Diese bekommt man im Doku-

»Walk the wall« – mit dem MauerGuide durch Berlin

mentationszentrum Bernauer Straße, am Brandenburger Tor im U-Bahnhof Pariser Platz, am Checkpoint Charlie und im Pavillon am Bootsanleger an der East Side Gallery. Der Multimedia-Guide funktioniert wie die Audiogeräte in den Museen und ist kinderleicht zu bedienen.

Anhand von fünf bedeutenden Gedenkorten und 22 Informationspunkten dokumentiert der MauerGuide den Verlauf der Berliner Mauer und die Geschichte der geteilten Stadt. Er führt Sie zu den zentralen Erinnerungsorten und Gedenkstätten der Mauergeschichte: zur Gedenkstätte Berliner Mauer, zum Brandenburger Tor, in die Niederkirchnerstraße, zum Checkpoint Charlie und zur East Side Gallery. Vor Ort liefert er dann zusätzliche Informationen durch mediale Beiträge rund um die Berliner Mauer. Authentisches Audio- und Videomaterial, Interviews, Zeitzeugenberichte, persönliche Erlebnisse und Kuriositäten machen die Geschichte für Sie nachvollziehbar und besonders für die Jüngeren erlebbar. So erfahren Kinder und Eltern auf ihrer Tour von der Flucht der Familie Holzapfel mit der Seilbahn über die Mauer oder von Fluchtversuchen und Demonstrationen am Checkpoint Charlie und den Mauertoten. Ferner informiert der Guide über Passierscheinregelungen und Überwachungsmaßnahmen, den Bau der Mauer und die Öffnung der Grenzübergänge.

> **Tipp**
> Für alle, die noch mehr über die Berliner Mauer erfahren möchten, ist die mehrsprachige Dauerausstellung Geschichtsmeile Berliner Mauer zu empfehlen. Diese informiert an rund 30 Stationen entlang dem innerstädtischen Mauerweg über die Geschichte der Teilung, den Mauerbau und die Maueröffnung. Die Geschichtsmeile Berliner Mauer ist als Tour für Familien mit älteren Kindern und auch für Berlinbesucher sehr interessant. Interesse an Deutscher Geschichte sollte vorhanden sein. Info: www.berlin.de.

Der Berliner Multimedia MauerGuide ist eine spannende Art, sich durch die Stadt zu bewegen und gemeinsam Geschichte zu erleben. Die Strecke eignet sich auch als Fahrradtour.

Informationspunkt auf der MauerGuide-Tour

Abenteuer draußen

7 Hochseilgarten Mount Mitte
Die höchsten Gipfel Berlins erklimmen

2010 eröffnete Berlins erster innerstädtischer Hochseilgarten direkt am Nordbahnhof. Auf einer 1000 Quadratmeter großen Grundfläche und einem 15 Meter hohen Kletterturm finden Hobbykletterer und Profis gleichermaßen Herausforderung, Nervenkitzel, Spannung und Spaß.

Der Kletterturm Mount Mitte ist in seiner architektonischen Erscheinung einem Schneekristall nachempfunden und liegt in der Sandlandschaft des Beachvolleyball-Areals Beach Mitte. Bevor sich die Kletterbegeisterten den Herausforderungen stellen, gibt es zuerst eine ausführliche Sicherheitseinweisung durch fachlich geschultes Personal. Für alle sind Helm und Sicherheitsgurte absolute Pflicht. Zusätzlich bieten Klettertrainer auf allen Ebenen Hilfestellungen an.

Die Besucher können zwischen sechs verschiedenen Parcours auf drei Ebenen mit unterschiedlichen Schwierigkeitsgraden wählen oder selbst-

- ■ **Anfahrt:** S-Bahn: S1, S2, S25 bis S-Bahnhof Nordbahnhof. U-Bahn: U6 bis U-Bahnhof Naturkundemuseum. Tram: M8, M10, M12 bis S-Bahnhof Nordbahnhof und M6 bis U-Bahnhof Naturkundemuseum.
- ■ **Öffnungszeiten:** Mount Mitte ist täglich außer bei starkem Regen, Sturm, Hagel oder Gewitter geöffnet. Mo–Fr ab 14 Uhr, Sa, So und Feiertage sowie in den Ferien ab 10 Uhr. Letzte Sicherheitseinweisung ca. 2 Std. vor Einbruch der Dunkelheit, letzter Einlass 2 Std. vor Schließung.
- ■ **Preise:** Erwachsene (ab 18 Jahre) 19,- €, Jugendliche (14–17 Jahre) 17,- €, Kinder (bis 13 Jahre) 14,- €, halbe Std. Nachzahlung 5,- €. Zuschauer am Boden sind kostenfrei, Zuschauer mit Zutritt auf die Aussichtsplattform 2,50 €. Familienrabatt pro mitkletterndem Elternteil für eigene Kinder bis 18 Jahre 2,- € pro Person. Kletterguide 50,- € (für max. 8 Personen, zwei Wochen vorher anmelden).
- **Altersempfehlung:** Ab 7 Jahre und einer Körpergröße von 1,30 Metern.
- ■ **Einkehr:** Auf dem Gelände gibt es einen gastronomischen Bereich.
- ■ **Info:** Mount Mitte, Caroline-Michaelis-Str. 8, 10115 Berlin, Tel. 030/555 778 922, www.mountmitte.de.

Hochseilgarten Mount Mitte

ständig den Kletterturm erkunden, ohne sich auf eine bestimmte Reihenfolge oder einen Parcours festzulegen. Fast 90 abwechslungsreiche und spannende Kletterübungen für die ganze Familie stehen zur Wahl. Lustige Elemente wie ein Surfboard, ein Trabbi und ein grüner VW Käfer sowie ein Bobby Car sind in die Parcours integriert. Diese sind benannt nach dem »Who is Who« der internationalen Bergwelt. Von Brocken über Zugspitze, Kilimandscharo, Matterhorn bis zum Mount Everest ist alles vertreten.

Für die kleinsten Kletteranfänger ab 7 Jahren bieten jedoch der Charly-Chaplin-Walk oder die Zickzack-Affenschaukel bereits ausreichend Herausforderungen. Nach dem kleinsten unter den Gipfeln, dem »Brocken«, ist der einfachste Parcours benannt. Hier können Kinder ab einer Körpergröße von 1,30 Metern und Anfänger sich im

Auf dem Kletterturm

Kraxeln üben. Die spielerischen Kletterübungen sind interessant und machen Spaß. Auch der Parcours »Zugspitze« ist bereits ab einer Größe von 1,30 Metern begehbar. Mit 8 Metern Höhe ist er eine anspruchsvolle und sportliche Herausforderung und verlangt den Jüngeren einiges ab. Über Brücken und schwankende Bretter laufen, auf wackeligen Seilen balancieren, sich auf hölzernen Fässern durch die Lüfte hangeln und in einem schwebenden alten Trabbi oder einem Strandkorb in luftiger Höhenlage eine kleine Verschnaufpause einlegen sind nur einige der spannenden Hindernisse oder Momente, die es bei den Parcours zu bewältigen gilt.

Geschwister oder Elternteile, die nicht klettern möchten, können von der Zuschauerplattform aus ihren Lieben bei den tollkühnen Kletterübungen zusehen und diese fotografieren.

Tipp

Für alle, die auch gerne in der Natur klettern, bietet sich der Hochseilgarten in der Jungfernheide an, zu erreichen mit der U-Bahn 7 bis Bahnhof Jakob-Kaiser-Platz.
Info: www.waldhochseilgarten-jungfernheide.de.

Abenteuer draußen

8 Domäne Dahlem – Landgut und Museum

Vom einstigen Rittergut zum Bio-Erlebnis-Bauernhof

Auf der Domäne können Kinder das ganze Jahr traditionelles Handwerk erleben, sehen wo unser Essen wächst und herkommt sowie typische Bauernhoftiere besuchen.

- **Anfahrt:** U-Bahn: U3 Dahlem Dorf. Bus: 110, X11, X83.
- **Öffnungszeiten:** Museum: täglich außer Di 10–18 Uhr. Ausschank: Mo–Sa 11–20 Uhr und So 10–20 Uhr.
- **Preise:** Museum: Erwachsene 3,- €, Kinder bis 18 Jahre freier Eintritt. Marktfeste: Erwachsene 2,- €, Kinder bis 18 Jahre freier Eintritt. Hof und Felder sind frei zugänglich.
- **Altersempfehlung:** Für Menschen jeden Alters. Für die ganze Familie zu empfehlen.
- **Einkehr:** Ausschank auf der Domäne (wetterabhängig): Suppen, Würstchen, frische Salate, Getränke und Kuchen.
- **Info:** Stiftung Domäne Dahlem-Landgut und Museum, Königin-Luise-Straße 49, 14195 Berlin, Tel. 030/66 63 00-0, www.domaene-dahlem.de.

Das Herrenhaus

Die Domäne Dahlem, mit dem Herrenhaus aus dem Jahr 1560, ist ein idyllischer Ort mitten in der Großstadt. Sobald der Besucher aus dem Bus oder der U-Bahn gestiegen ist, fühlt er sich fast wie auf dem Land. Der im Mittelalter angelegte Dorfanger, der Dorfkern und der unter Denkmalschutz stehende Gutshof fallen ihm sofort ins Auge. Die zum Gut gehörende Feldflur wird seit 800 Jahren ununterbrochen ackerbaulich genutzt und die selbst angebauten Produkte können im Hofladen des besucheroffenen Bio-Bauernhofs gekauft werden.

Das alte Landgut mit seinen Ställen, einer Schmiede, Kühen, Schafen und Ziegen, Schweinen, Enten, Hühnern, Tauben und Pferden ist

Domäne Dahlem – Landgut und Museum

ein erlebnisreicher Ort für Kinder und vermittelt einen lebendigen Einblick in den Arbeitsalltag auf einem Bio-Bauernhof. Ökologischer Ackerbau, Gartenbau, Wiesen mit alten Obstbaumsorten, Tierhaltung und altes Handwerk werden den Besuchern gezeigt und von den Mitarbeitern gepflegt. Die offene und natürliche Atmosphäre lässt Kinder den landwirtschaftlichen Arbeitsalltag mit allen Sinnen erleben. Sie können bei der Feldarbeit zusehen, dem Schmied über die Schulter schauen und beobachten, wie er das glühende Eisen schlägt, oder dabei sein, wenn die Töpferin kunstvolle Tassen, Teller und Vasen formt.

Das Museum im Herrenhaus und im restaurierten Pferdestall zeigt wechselnde Ausstellungen. Hier können Kinder einen historischen Kaufmannsladen, eine alte Fleischerei, ein Lebensmittellabor aus der Kaiserzeit und die letzte Domänen-Milchkutsche bestaunen.

Trotz der landwirtschaftlichen Nutzung der Felder bleibt für Kinder viel Platz zum Rennen und Toben auf den Wegen und Wiesen. Aufgestellte Tische und Bänke laden zum Verweilen oder Picknick ein. Es gibt auch einen Ausschank auf dem Hof, der kleine Speisen anbietet, und ein Museumscafé im alten Herrenhaus, in dem es Kaffee und Tee gibt. Für den großen und kleinen Hunger ist also bestens gesorgt.

Tipp
»Die Kochkiste« ist ein neues Angebot der Domäne Dahlem und richtet sich an Familien, Kinder und auch Erwachsene. Nach einer Erkundungstour über den Bio-Bauernhof ernten die Kinder gemeinsam mit Domänenmitarbeitern einige Zutaten auf den Feldern und kochen dann in der Lehr- und Erlebnisküche leckere Gerichte. Anschließend gibt es ein gemeinsames Essen.

Rund ums Jahr veranstaltet die Domäne stimmungsvolle Feste für die ganze Familie. Beginnend mit dem Frühlingsmarkt, über Töpfermarkt, Kartoffelfest und Erntedankfest im Herbst bis hin zum Adventsmarkt. Für Kinder gibt es an den Festtagen ein breites Unterhaltungsangebot: von Kutsch- und Traktorfahrten über die Felder und Ponyreiten bis Basteln mit Bienenwachs oder gläserne Weihnachtsbaumkugeln bemalen.

Mit dem Traktor über die Felder

Abenteuer draußen

9 Der Botanische Garten Berlin
Von Zaubernüssen und duftenden Kuchenbäumen

Welche Pflanzen kennen Sie wirklich? Ein Besuch mit Kindern im Botanischen Garten kann sehr reizvoll sein. Mit einem Pflanzenbestimmungsbuch sowie mit Papier und Stiften ausgerüstet geht's los.

Wo sonst gibt es die Gelegenheit, so viel Blütenfülle, Pflanzenpracht und Vielfalt aus allen Erdteilen mit den eigenen Augen zu sehen und kennenzulernen? Mit rund 220 Pflanzenarten gehört der Botanische Garten Berlin zu den vielfältigsten weltweit. Gemeinsam mit Ihren Kindern können Sie eine spannende Entdeckungstour durch den Garten starten und die Bäume, Sträucher und Blumen, die Sie interessieren, im Bestimmungsbuch nachschlagen. Vielleicht bekommen die Kinder ja Lust, ein paar schöne Blumen oder Blätter zu malen.

Der Garten hat zu jeder Jahreszeit seinen Reiz. Hier blühen erste Frühlingsboten wie die Zaubernussgehölze und Buschwindröschen im Bu-

■ **Anfahrt:** Vom S- und U-Bhf. Rathaus Steglitz (U9, S1) mit Bus X 83 bis Königin-Luise-Platz/Botanischer Garten so wie mit Bus M 48 bis Botanischer Garten. Vom S-Bhf. Botanischer Garten (S1) ca. 10 Min. Fußweg.
■ **Eingänge:** In den Botanischen Garten: Unter den Eichen 5–10, 12203 Berlin (Metrobus M48), Königin-Luise-Platz, 14195 Berlin (Expressbus X83, Bus 101). In das Botanische Museum: Königin-Luise-Str. 6–8, 14195 Berlin (Expressbus X83, Bus 101).
■ **Öffnungszeiten:** Nov. bis Jan. 9–16 Uhr, Feb. 9–17 Uhr, März 9–18 Uhr, April 9–20 Uhr, Mai bis Juli 9–21 Uhr, Aug. 9–20 Uhr, Sept. 9–19 Uhr, Okt. 9–18 Uhr. Das Botanische Museum ist täglich von 10–18 Uhr geöffnet.
■ **Preise:** Erwachsene 6,- €, Schüler 3,- €, Kinder bis 6 Jahre Eintritt frei. Sommer-Abendkarte (Mai–Aug. ab 17 Uhr) 3,- €, Große Familienkarte (2 Erw. mit bis zu 4 Kindern bis 14 Jahre) 12,- €, Kleine Familienkarte (1 Erw. mit bis zu 4 Kindern bis 14 Jahre) 7,- €.
■ **Altersempfehlung:** Für jedes Alter geeignet.
■ **Einkehr:** Café Anthurium oder im Restaurant Landhaus.
■ **Info:** Botanischer Garten und Botanisches Museum Berlin-Dahlem, Freie Universität Berlin, Königin-Luise-Straße 6–8, 14195 Berlin, Tel. 030/838 501 00 (Auskunft und Information), www.botanischer-garten-berlin.de.

Der Botanische Garten Berlin

chenwald, im Sommer stehen üppige Blumenwiesen in Blüte und ein kleiner Rosengarten verströmt seinen Duft. Im Herbst leuchten bunte Dahlien und die Bäume warten mit herrlicher Laubfärbung auf. Hier lässt es sich mit den Füßen prima durchs Laub rascheln, und nirgendwo sonst in Berlin findet man so exotische Blätter zum Basteln und Pressen wie hier.

Bänke und ein kleiner Pavillon laden zum Verweilen ein, und wenn sich Hunger oder Durst melden, findet man im Café Snacks und Getränke. Vielleicht sehen Sie ja einen der Berliner Stadtfüchse über die Wege streifen.

Im Duft- und Tastgarten dürfen die Pflanzen befühlt und beschnuppert werden und im kleinen Moosgarten können Besucher Lupen an einem Automaten ziehen, um die zarten Moose richtig zu sehen.

Das Große Tropenhaus beeindruckt mit hohen Palmen, Lianen und Riesenbambus, der täglich bis zu 30 Zentimeter wächst. Von einer Grotte fällt plätschernd ein kleiner Wasserfall herab. Über im Wasser liegende Steine gelangt man zur anderen Seite und kann die im Wasser schwimmen Kois bestaunen. Informationssäulen erklären die Pflanzenwelt der Tropen. Fleischfressende Pflanzen, schreckhafte Mimosen sowie riesige Kakteen oder die größten Seerosen der Welt, die Victoria-Seerosen, sind einige der Highlights der Gewächshäuser. Zwischen tropischen Nutzpflanzen laufen kleine Wachteln frei herum und fliegen Zebrafinken zwitschernd durch den Raum.

Viele Veranstaltungen bieten ein Kinderprogramm an, wie z. B. das Baumklettern beim Staudenmarkt. Andere richten sich speziell an Familien oder ein kindliches Publikum. Das große Halloween-Fest mit Kürbisschnitzen, Gruselgeschichten, Theater und Toben in einem großen Strohhaufen sollten Sie auf keinen Fall versäumen.

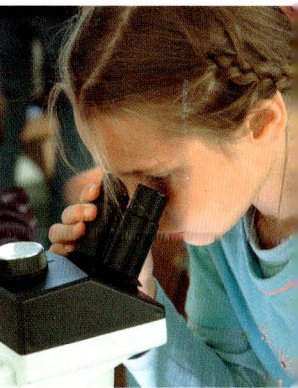

Kleine Forscherin

Tipp
Jeden ersten Sonntag im Monat um 14 Uhr bietet der Botanische Garten eine Kinderführung an. Wechselnde Themen wie »Kaktus und Venusfliegenfalle« oder »Fleischfressende Pflanzen und dornige Gesellen« stehen zur Auswahl. Anmeldung unter Tel. 030/344 41 57. Führungen werden auch in Kombination oder als Kindergeburtstagsevent angeboten.

Abenteuer draußen

10 Der Kinderbauernhof Pinke-Panke in Pankow

Störrische Esel, freche Gänse und wollige Schafe mitten in der Großstadt

Direkt neben dem kleinen Flüsschen Panke und gegenüber vom Bürgerpark liegt der Kinderbauernhof Pinke-Panke. Ein offener, pädagogisch betreuter Abenteuerspielplatz mit Tierhaltung.

Lustige Feier auf dem Hof

Hier sehen die Kinder Tiere aus nächster Nähe und erleben die Geburten von Lämmchen, kleinen Kaninchen und Kätzchen hautnah mit. Unter Anleitung der Mitarbeiter werden die rund 70 Tiere, die Esel Bruja und Momo, ein Pony, Schafe und Ziegen, Minischweine, Enten, Gänse, Katzen, Kaninchen und Meerschweinchen gehegt, gestreichelt und geliebt. Bei der

- ■ **Anfahrt:** S-Bahn: S1 oder S25 bis Bahnhof Wollankstraße.
- ■ **Öffnungszeiten:** 1. April bis 31. Okt. Di–Fr 12–18.30 Uhr, Sa, So und Ferien 10–18.30 Uhr, Mo geschlossen. 1. Nov. bis 31. März Di–Fr 12–17.30 Uhr, Sa, So und Ferien 10–17.30 Uhr, Mo geschlossen.
- ■ **Preise:** Eintritt frei. Kostenbeitrag für das Mittagessen für Kinder 1,- €, Erwachsene 2,- €. Übernachtungskosten pro Kind 8,- bis 12,- €.
- ■ **Altersempfehlung:** Für Schulkinder von 7–14 Jahren. Es sind aber auch jüngere Kinder in Begleitung und ältere willkommen.
- ■ **Einkehr:** Auf dem Hof gibt es Tee, Kekse und Mittagessen. Die Eltern können sich auch ins Mirabelle Ecke, Am Bürgerpark/Wilhelm-Kuhr-Straße, setzen und die Kinder später wieder abholen.
- ■ **Info:** Kinderbauernhof Pinke-Panke, Am Bürgerpark 15–18, 13156 Berlin, Tel. 030/475 525 93, www.kinderbauernhof-pinke-panke.de.

Der Kinderbauernhof Pinke-Panke in Pankow

Pflege der Tiere mithelfen, diese füttern, Ponys striegeln oder den Stall ausmisten gehören zu den täglichen Aufgaben der Kinder, die regelmäßig auf den Bauernhof kommen, um zu spielen oder sich anderweitig die Zeit zu vertreiben.

Neben den Tieren gehört noch ein Gartenbereich mit Blumen, Kräuterspirale und Obstbäumen zum Kinderbauernhof. Dort kann gesät, gegossen und geerntet werden, was die Kinder mit Elan erledigen. Begeistert sehen sie den großen Sonnenblumen beim Wachsen zu.

Zwischen den Gebäuden, alles Holzbauten oder Lehmhäuser mit Fachwerk, spielt sich ein reges und buntes Treiben ab. In einer Holzwerkstatt wird gewerkelt, es werden Tiere aus Holz gesägt oder Fahrräder repariert. Auf dem Hüttenbauplatz, einem kleinen Abenteuerspielplatz mitten auf dem Gelände, zimmern Jungs und Mädchen an fantasievollen Holzhäusern. Bretter, Hammer und Nägel gibt es in der Werkzeugausgabe. In der Feuerhütte inmitten der Häuser- und Hüttenansammlung können die Kinder Würstchen grillen und quatschen. Es gibt täglich viele pädagogisch betreute Aktivitäten und Freizeitangebote, sodass bestimmt keine Langeweile aufkommt.

Die Kinder können hier spielen, toben und neue Freundschaften schließen. Vieles wird angeboten, doch können die Jungs und Mädchen ihren Aufenthalt ganz nach ihren eigenen Bedürfnissen und Interessen gestalten. Sie entscheiden selbst, was sie wann und wie tun wollen. Interessant und spannend wird es allemal. Ob gemeinsam kochen und essen, in der Töpferwerkstatt etwas töpfern, filzen, Schmuck aus Steinen basteln, am offenen Feuer sitzen und Stockbrot backen oder vielleicht im Stroh oder der selbst gebauten Hütte übernachten und am nächsten Morgen mit allen zusammen frühstücken. Dies sind die kleinen Abenteuer, die das Leben schön und Kinder glücklich machen. Gerade für Stadtkinder ist es wichtig, mit Natur und Tieren in Kontakt zu kommen.

> **Tipp**
> Sehr zu empfehlen sind auch die schönen Kinderbauernhöfe im Görlitzer Park in Kreuzberg und in der ufaFabrik Berlin in Tempelhof (siehe Tipp 46).
> Info: Kinderbauernhof auf dem Görlitzer e.V., Wiener Straße 59b, 10999 Berlin, Tel. 030/611 74 24, www.kinderbauernhofberlin.de.
> Im Sommer geöffnet Mo, Di, Do und Fr von 10–19 Uhr, Sa und So von 11–18 Uhr. Im Winter schließt der Hof schon um 17 Uhr.

Abenteuer draußen

11 Das Museumsdorf Düppel

Ein mittelalterliches Dorf im Südwesten von Berlin

Ein Ausflug in das Museumsdorf Düppel ist eine Zeitreise zurück ins Mittelalter. Hier wird die Vergangenheit für Eltern und Kinder regelrecht lebendig. Live ist der dörfliche Arbeitsalltag der Menschen des Hochmittelalters um 1200 mitzuerleben.

Balancieren üben

Das 1975 eröffnete Dorf ist ein einmaliges Freilichtmuseum. Direkt über einem originalen Ausgrabungsort am Machnower Fenn bauten Berliner Bürger eine mittelalterliche Siedlung auf, so wie diese vor rund 800 Jahren ausgesehen haben könnte. Anhand der archäologischen Funde hat man versucht, die Bebauung um den alten Dorfplatz wiederherzustellen. Die Wohnhäuser, Werkstätten, Vorratsschuppen und Ställe stehen genau auf den bei den Ausgrabungen gefundenen alten Grundrissen. Sogar ein Getreidespeicher wurde wiedererrichtet.

■ **Anfahrt:** Bus: Vom S-Bahnhof Zehlendorf mit Linie 115 bis Ludwigsfelder Straße oder vom S-Bahnhof Mexikoplatz mit Linie 118 oder 629 bis Clauertstraße.
■ **Öffnungszeiten:** In der Regel von Ostern bis Anfang Okt. So und Feiertage 10–17 Uhr (letzter Einlass 16 Uhr), Do 15–19 Uhr (letzter Einlass 18 Uhr), am Do sind allerdings nur Besichtigungen möglich, Vorführungen finden leider nicht statt.
■ **Preise:** Erwachsene 2,- €, ermäßigt: 1,- €, Kinder bis 18 Jahre frei. Für Sonderveranstaltungen (im Jahresprogramm mit * gekennzeichnet) gelten folgende Preise: Erwachsene 4,- €, ermäßigt 2,- €, Kinder bis 6 Jahre frei, Kinder ab 6 Jahre 1,- €.
■ **Altersempfehlung:** Ab Kindergartenalter, für die ganze Familie.
■ **Einkehr:** Im Museumsdorf gibt es in einer Hütte mittelalterliche Getränke und Gerichte.
■ **Info:** Museumsdorf Düppel, Clauertstr.11, 14163 Berlin, Tel. 030/802 66 71, Förderkreis Museumsdorf Düppel e.V. Infos zu Veranstaltungen: www. dueppel.de.

Das Museumsdorf Düppel

Umgeben ist das Dorf von landwirtschaftlichen Nutzflächen und wilder Natur. Auf den Wiesen weiden die Skudden, eine mittelalterliche Schafrasse und eine rückgezüchtete Haustierrasse, die Düppeler Weideschweine sowie Ochsen. Ein Besuch bei den Tieren begeistert vor allem die Kinder. Auch werden vergessene Nutzpflanzen kultiviert, die in Gärten und auf den zum Museumsdorf gehörenden Feldern angebaut werden.

Während der Öffnungszeiten im Sommerhalbjahr ist das Dorf heute wieder mit Leben gefüllt. Altes Handwerk und landwirtschaftliche Tätigkeiten werden jeden Sonntag und an den Feiertagen durch ehrenamtliche Mitarbeiter, manche von ihnen in einer rekonstruierten mittelalterlichen Bauernkleidung, anschaulich vorgeführt. Brotbacken, Schnitzen, Töpfern, Weben oder Teerschwelen werden gezeigt und erklärt. Ein Schmied demonstriert beherzt mittelalterliche Werkzeuge und bringt das Eisen zum Glühen. Frauen flechten Körbe und in der Schuhmacherei sehen die Kinder, wie im Mittelalter Schuhe gefertigt wurden.

Tipp
Jeden Sonntag um 11 Uhr besteht die Möglichkeit, an einer Führung durch das Dorf teilzunehmen. Um 14 Uhr zeigen Mitarbeiter an der Teerschwele, wie man aus Holz Teer herstellen kann. Den ganzen Tag über besteht die Möglichkeit, mittelalterliche Kinderspiele unter fachkundiger Anleitung zu spielen.

Die Besucher können einige Häuser betreten und die Kinder laufen herum und erkunden neugierig die fremde Welt. Den Mitarbeitern gelingt es, ein anschauliches Bild des mittelalterlichen Alltagslebens zu vermitteln. Glaubhaft bieten sie dar, wie die Menschen damals gelebt und gearbeitet haben, und verwandeln das Dorf in einen Erlebnisort für Jung und Alt. In einer kleinen Hütte ist das Mittelalter regelrecht zu schmecken. Wer möchte, kann sich – abhängig vom jeweiligen Küchenzettel – Brot, Hirsebrei und Suppe auf der Zunge zergehen und sich Met in Becher einschenken lassen.

Für alle, die es interessiert, ist auf dem Gelände ein Ausstellungsbereich mit Funden von den archäologischen Grabungen zu sehen.

Mittelalterliche Spiele spielen

Abenteuer draußen

12 Das Naturschutzzentrum Ökowerk Berlin

Natur erleben auf Streifzügen durch den Grunewald

Seit 25 Jahren bietet das Ökozentrum spannende Veranstaltungen für Erwachsene, Familien und Kinder zum Thema Natur und Naturschutz an. Das rote Backsteingebäude mit dem 35 Meter hohen Schornstein liegt mitten im Grunewald am Ufer des Teufelssees.

Wasserproben entnehmen

Auf dem Gelände des ältesten und als Gesamtanlage erhaltenen Berliner Wasserwerks, errichtet 1872, ist seit 1985 das Naturschutzzentrum Ökowerk untergebracht. Das Wasserwerk, heute ein Industriedenkmal, ist mit seinen Förder- und Filteranlagen, Dampfmaschinen mit großen Schwungrädern und Schöpfpumpen zu besichtigen. Im Infozentrum »Wasserleben« vermittelt eine interaktive Ausstellung Wissen rund um das Thema Wasser und lädt Kinder wie Eltern zum Ausprobieren, Experimentieren und Forschen ein.

■ **Anfahrt:** Mit der S-Bahn S7 oder dem Bus M19 oder 186 bis S-Bahnhof Grunewald, dann 20 Min. Fußweg. Oder mit der S3, S75 oder den Bussen 218, X34 sowie X49 bis S-Bahnhof Heerstraße, dann ca. 25 Min. Fußweg.
■ **Öffnungszeiten:** Im Winter: Di–Fr 10–16 Uhr, Sa, So und Feiertage 11–16 Uhr, Mo geschlossen. Im Sommer: Di–Fr 9–18 Uhr, Sa, So und Feiertage 12–18 Uhr, Mo geschlossen.
■ **Preise:** Das Gelände ist frei zugänglich. Das Infozentrum »Wasserleben« kostet für Erwachsene 2,50 € und für Kinder 1,- €. Die sonstigen Angebote haben unterschiedliche Preise.
■ **Altersempfehlung:** Ab 5 Jahre.
■ **Einkehr:** Im Bistro im Ökowerk.
■ **Info:** Naturschutzzentrum Ökowerk Berlin e.V., Teufelsseechaussee 22–24, 14193 Berlin, Tel. 030/300 005-0, www.oekowerk.de.

Das Naturschutzzentrum Ökowerk Berlin

Hier wird aktiver Naturschutz praktiziert und vermittelt. Auf dem großen Außengelände gibt es naturnahe thematische Erlebnisgärten und eine Streuobstwiese sowie mehrere angelegte Teiche. In den Biotopen tummeln sich Erdkröten, Frösche, Molche und sogar Ringelnattern.

Für Familien mit Kindern ist das Ökowerk ein lohnendes Ausflugsziel. Viele spannende pädagogische Naturerlebnisprogramme und -spiele sowie Veranstaltungen für Kinder und Eltern führen über das Gelände und durch den Grunewald. Auf Expeditionen, Führungen und Wanderungen erleben und erkunden naturinteressierte Familien gemeinsam die Natur, während museumspädagogische Mitarbeiter den Lebensraum Wald erklären. Mit Umweltbildung und -pädagogik sensibilisieren die Mitarbeiter kleine wie große Besucher für die Natur und machen auf ökologische Zusammenhänge aufmerksam.

Doch auch Veranstaltungen wie Ostereier färben für Kinder und Eltern oder Frühlings- und Herbstfeste finden im Ökowerk statt. In einer Werkstatt können Kinder mit Holz basteln und kleine Boote bauen, um diese anschließend im See schwimmen zu lassen.

Für Kinder von 8 bis 12 Jahren werden abenteuerliche Survivalkurse im Grunewald angeboten. In den Wildnisüberlebenskursen streifen die Kinder mit einem Kompass durch den Wald und lernen, wie dieser funktioniert und genutzt wird. Die Kids bauen einen Unterschlupf, legen eine Feuerstelle an und üben, ein Feuer ohne Streichhölzer zu entfachen. Erste-Hilfe-Tipps, Karten lesen oder sich an Sonne und Sternen zu orientieren stehen auch auf dem Programm.

Die Wildnistrainings sowie viele andere spannende Unternehmungen können auch für Kindergeburtstagsgruppen gebucht werden (siehe Tipp).

Tipp
Das Ökowerk richtet zu jeder Jahreszeit spannende Kindergeburtstage aus. U. a. werden folgende Themen angeboten: Ökowerkrallye mit Naturforscheraufgaben, Survival in der Wildnis, Indianer auf dem Naturlehrpfad, Abenteuerspiele in der Natur mit Schatzsuche, Leben im Teich oder eine Nachtwanderung mit Lichterreise. Auch im Rahmen von Erlebnisferien für Kinder ab 7 Jahren finden diese Angebote statt.
Vom Ökowerk lohnt ein kurzer Abstecher zum Teufelsberg. Der 114,70 Meter hohe Trümmerberg ist die höchste Erhebung Berlins und ein beliebter Platz zum Drachen steigen lassen oder zum Rodeln im Winter.
Info: Teufelsberg, Teufelsseechaussee, 14193 Berlin.

Abenteuer draußen

13 Das Waldmuseum und die Waldschule im Grunewald

Gemeinsam spannende Abenteuer und Entdeckungen im Wald erleben

Unterwegs im Wald

Eichhörnchen springen von Baum zu Baum, ein Specht klopft ein Loch in einen Stamm und Wildschweine rascheln durchs Dickicht. Der Lebensraum Wald ist eine Welt für sich und für Kinder ein geheimnisvoller spannender Abenteuerspielplatz, der viele Überraschungen und Erkundungsmöglichkeiten birgt.

Um diese Welt zu entdecken und zu erleben bietet sich ein Ausflug in den Grunewald an. Ein Tag im Wald ist Erlebnis und Erholung zugleich und besonders für

- **Anfahrt:** Mit der S-Bahn S7 oder dem Bus M19 oder 186 bis S-Bahnhof Grunewald, dann ca. 6 Min. Fußweg. Über den Schmetterlingsplatz, den Schildhornweg entlang und vor der Revierförsterei Eichkamp nach links (kleinen Wegweiser beachten!) durch den Wald und durch das Tor dem gepflasterten Weg folgend gelangen Sie bis zum Waldmuseum.
- **Öffnungszeiten:** März bis Okt. Di–Fr (auch in den Ferien) 10–15 Uhr, So 13–18 Uhr. Nov. bis Feb. 13–16 Uhr (letzter Einlass 1 Std. vor Schließung).
- **Preise:** Waldmuseum: Erwachsene 1,50 €, Kinder 1,- €. Familienwaldtag und Nachtwanderung pro Familie 5,- €.
- **Altersempfehlung:** Für Kinder ab ca. 4 Jahre.
- **Einkehr:** Restaurant Waldklause am Schmetterlingsplatz, mit Biergarten; Restaurant und Landkneipe Scheune, zwischen S-Bahnhof und Schmetterlingsplatz, mit Biergarten.
- **Info:** Berliner Waldmuseum mit Waldschule Grunewald der SDW, Königsweg 04/Jagen 57, 14193 Berlin, Tel. 030/813 34 42, www.waldmuseum-waldschule.de.

Waldmuseum und Waldschule im Grunewald

Stadtkinder eine wichtige Erfahrung. Hier, wo der Straßenlärm der Stadt verstummt ist, werden die Sinne geschärft.

Welcher Vogel singt denn da? Was für ein Baum ist das? Ist dieser Pilz giftig? Auf diese und viele weitere Fragen finden Sie Antworten im Waldmuseum im Revier Eichkamp inmitten des Grunewalds. Das Waldmuseum, von der »Schutzgemeinschaft Deutscher Wald« getragen, ist Anlaufstelle für alle, die sich näher über das Ökosystem Wald informieren wollen, und vermittelt viel Wissenswertes. Bei einem Rundgang durch die Ausstellung lernen Sie und Ihre Kinder den Lebensraum Wald und die Lebensbedingungen vieler Pflanzen und Tiere kennen und begreifen. Großdioramen zeigen heimische Tiere. Tierschädel, Felle, Vogelnester und Zapfen sind zu sehen. Tastboxen mit Fundstücken aus dem Wald und Mikroskope laden zum Forschen ein. Ein Quiz, bei dem Vogelstimmen und Waldgerüche erraten werden können, und ein Barfußpfad vermitteln Kindern spielerisch Wissen.

Bei einem anschließenden Spaziergang können Sie die im Museum erfahrenen Inhalte und Kenntnisse mit Ihren Kindern vertiefen. Gemeinsam streifen Sie durch den Wald und erforschen aufmerksam die Natur.

Möchten Sie den Wald nicht auf eigene Faust erkunden, können Sie auch an einer Führung oder Wanderung des Waldmuseums teilnehmen. Rund ums Jahr bieten Mitarbeiter des Museums viele interessante museumspädagogische Angebote wie Erlebnisspiele, Familienwaldtage mit Ferngläsern und Lupen sowie aufregende Nachtwanderungen durch den dunklen Wald an. Ziel ist es dabei immer, den Wald zu den unterschiedlichen Jahreszeiten und seine Besonderheiten und Geheimnisse zu erfahren und Zusammenhänge zu begreifen. Bei den Exkursionen wird erklärt, wie die Spuren der Tiere im Wald richtig zu lesen sind. Sie sehen bekannte und unbekannte Pflanzen, lernen, verschiedene Bäume, Blumen, Sträucher und Vögel zu unterscheiden, und können sich so vertraut machen mit der heimischen Pflanzen- und Tierwelt.

Tipp
Wichtig für einen gelungenen Tag im Wald ist die richtige Kleidung. Besonders für die Nachtwanderungen sind warme Sachen zu empfehlen. Im Sommer an Mücken- und Sonnenschutz denken.

Nicht weit von der Waldschule entfernt liegen die ehemalige Kiesgrube mit einer riesigen Sanddüne, der Teufelssee mit einer Liegewiese sowie das Ökowerk Teufelssee (siehe Tipp 12.).

Abenteuer draußen

14 Waldwanderung zum Grunewaldturm an der Havel

Eine Sanddüne und Naturschutzgebiete mitten in der Großstadt

Auf einer Wanderung oder einem Spaziergang durch den Wald die Natur zu genießen tut der ganzen Familie gut. Bewegung und frische Luft gibt es gratis dazu.

- **Anfahrt:** Mit der S-Bahn S7 bis S-Bahnhof Grunewald. Der Bus 218 hält direkt am Grunewaldturm.
- **Weglänge/Gehzeit:** Die Entfernung vom S-Bahnhof Grunewald bis zum Grunewaldturm beträgt etwa 6 km, die Wanderung dauert etwa 1,5–2 Std. (einfache Strecke, Pausen nicht eingerechnet).
- **Öffnungszeiten/Preise:** Der Turm öffnet nach Renovierungsarbeiten im Sommer 2011. Zeiten und Preise bitte erfragen.
- **Altersempfehlung:** Ab Schulkindalter, ein Ausflug für die ganze Familie.
- **Einkehr:** Im Naturschutzzentrum Ökowerk oder am Grunewaldturm.
- **Info:** Restaurant Grunewaldturm, Havelchaussee 61, 14193 Berlin, Tel. 030/417 200 01, www.restaurant-grunewaldturm.de.

Ausgangspunkt für die Wanderung zum Grunewaldturm ist der S-Bahnhof Grunewald. Von hier gehen wir den Schildhornweg entlang, vorbei an der Revierförsterei Eichkamp und der Waldschule (siehe Tipp 13). Auf diesem Weg kommen Sie direkt zur 14 Hektar großen ehemaligen Kiesgrube, die bei den Berlinern auch als Schlangengrube bekannt ist. Hier hat sich in den vergangenen Jahrzehnten ein einzigartiges Biotop für Frösche, Lurche und Insekten entwickelt, sodass das Gebiet heute unter Naturschutz steht. Nichtsdestotrotz ist die Grube zu jeder Jahreszeit ein beliebtes Ausflugsziel für Familien mit Kindern, denn in der Senke befindet sich Berlins größte Sanddüne. Die Kinder lieben es, sich im Sand hinunterkullern zu lassen, und wenn im Winter genügend Schnee liegt, können die Kids hier sogar rodeln.

Verlassen Sie die Sandgrube und gehen Sie weiter, kommen Sie an den Teufelssee, der auch Bademöglichkeiten und eine Liegewiese bietet. Der nordwestliche Teil des Sees gehört zum Naturschutzgebiet Teufelsfenn, an welches auch das Naturschutzzentrum Ökowerk angrenzt, das mit Kindern immer einen Besuch

Waldwanderung zum Grunewaldturm an der Havel

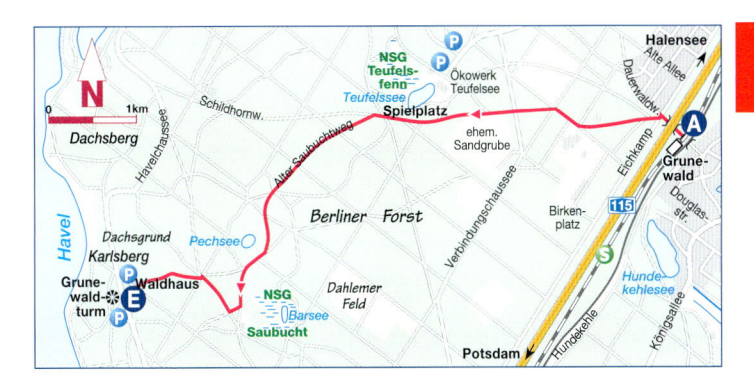

wert ist (siehe Tipp 12). Weiter führt der Weg durch lichten Kiefernmischwald mit alten Buchen- und Eichenbeständen bis zu einem Findling, an dem das Naturschutzgebiet Barsee und Pechsee in der Saubucht beginnt. Der Name Pechsee geht zurück auf das Pechbrennen, das um 1500 oberhalb des Sees betrieben wurde. Von dem See sieht man heute nicht mehr viel. Zum einen ist der Blick zugewachsen und zum anderen trocknet der See aufgrund eines kontinuierlich sinkenden Grundwasserspiegels seit den 1980er-Jahren langsam aus. In der Saubucht wurden früher die Wildschweine für die königliche Jagd gehalten. Der Wildhüter lebte damals im heutigen Forsthaus »Alte Saubucht«.

Hinter dem Naturschutzgebiet kreuzen Sie den »Schwarzen Weg« und laufen direkt auf den Grunewaldturm auf dem Karlsberg zu. Der hohe, aus rotem Backstein und im Stil der märkischen Backsteingotik errichtete Turm liegt malerisch am Ufer der Havel, am westlichen Rand des Grunewalds. Von der überdachten, in 36 Metern Höhe gelegenen Aussichtsplattform bietet sich ein reizvoller Blick über die Havel. Im Sommerhalbjahr kann man von hier oben die vielen Segelboote auf dem Wasser beobachten. Für den Rückweg in die Stadt können Sie den Bus 218 nehmen.

Der Grunewaldturm

Abenteuer draußen

15 Das FEZ Berlin und die Parkeisenbahn in der Wuhlheide

Ein beliebter Ausflugs- und Begegnungsort für Kinder und Familien

Das FEZ, Europas größtes gemeinnütziges Kinder-, Jugend- und Familienzentrum, ist ein wahres Kinderparadies. Mitten im Volkspark Wuhlheide gelegen bietet es einen gelungenen Mix aus tollen Freizeitangeboten und Erholung für Eltern und Kinder.

Das FEZ Berlin vereint Spiel und Spaß und erwartet die Besucher mit einer bunten Palette an spannenden Bildungsangeboten zu Kultur und Kunst, Natur, Ökologie, Raumfahrt, Sport und Technik. Ein Tag ist viel zu kurz, um alles auszuprobieren und kennenzulernen. Besonders die Familienwochenenden begeistern Groß und Klein. Viele interessante übers Jahr verteilte Kulturveranstaltungen und attraktive Familienevents wie Bastelangebote, Familientriathlon, Kocholympiade, Öko-Rallye oder Puppentheaterfest machen unglaublich Spaß und sind ein Erlebnis für die ganze Familie.

- **Anfahrt:** Mit der S-Bahn S3 bis Station Wuhlheide, dann vom Bahnhof ca. 15 Min. zu Fuß durch den Park zum FEZ laufen. Vom S-Bahnhof Schöneweide zu erreichen mit den Linien S8, S9, S45 und S46, mit der Tram 67 oder 63 bis Haltestelle Freizeit- und Erholungsheim fahren.
- **Öffnungszeiten des Hauses:** Schulzeit: Di–Fr 9–22 Uhr, Sa 13–19 Uhr, So und Feiertage 12–18 Uhr. Sommerferien: Di–Fr 11–18 Uhr,
Sa 13–19 Uhr, So und Feiertage 12–18 Uhr. Herbst-, Winter-, Osterferien: Mo–Fr 10–18 Uhr, Sa 13–19 Uhr, So und Feiertage 12–18 Uhr.
- **Preise:** Die verschiedenen Einrichtungen und Angebote haben unterschiedliche Preise, aber insgesamt sind die Angebote nicht sehr teuer.
- **Altersempfehlung:** Hier ist für die ganze Familie etwas dabei.
- **Einkehr:** Zwei Restaurants und ein Imbiss im FEZ, sowie mehrere Kioske.
- **Info:** FEZ Berlin, Straße zum FEZ 2, 12459 Berlin, Tel. 030/530 71-0, www.fez-berlin.de.

FEZ Berlin und Parkeisenbahn in der Wuhlheide

Im großen Hauptgebäude befinden sich verschiedene Werkstätten für Kinderworkshops und Kurse, die Astrid-Lindgren-Bühne, auf der wechselnde Theatergruppen oder Puppenspieler auftreten, das Kinderkino »fezino« und ein Kindermuseum mit wechselnden kreativen Ausstellungen, in dem Ausprobieren und Mitmachen ganz wichtig sind. Für Sportfreunde gibt es einen Kletterturm, ein Schwimmbad und eine große Sporthalle.

Einzigartig ist das 2003 wiedereröffnete neue Raumlabor »orbitall« im Kinder- und Jugendfreizeitzentrum FEZ. Mit seinem spektakulären futuristischen Ambiente und mit modernster Technik ausgestattet wurde es der Internationalen Raumstation ISS nachempfunden. Entstanden ist ein modernes interaktives Erlebniszentrum. Hier können Schüler fast wie auf der ISS experimentieren und virtuell den Start ins All wagen.

Auf dem Außengelände, zu dem ein eigener kleiner Badesee mit Liegewiese und Sandstrand gehört, befinden sich verschiedenste Kinderspielorte: eine Halfpipe für junge Skater, ein Schiff, ein Zirkuszelt, unterschiedliche Spielplätze und Ballsportangebote sowie die Ökoinsel und die Villa Kunterbunt. Die Ökoinsel ist ein Ort für Naturkunde. Im Tropenhaus mit Mini-Regenwald, Teich und Sukkulentenabteilung, im Ökogarten, dem Bienenhof oder am Lehmbackofen können die Kinder viel über tropische Pflanzen und Naturheilkunde, Brotbacken oder Imkerei lernen.

Im FEZ geht's lustig zu!

Im Park warten auch noch ein Kletterwald mit über 75 Kletterelementen, eine BMX-Sandbahn, eine Verkehrsschule und der Modellpark Brandenburg mit niedlichen Miniaturgebäuden. Haben Sie das alles gesehen, besteigen Sie am besten mit Kind und Kegel die Parkeisenbahn Wuhlheide. Eine Rundfahrt mit dieser Bahn ist ein ganz besonderes Erlebnis für kleine und größere Eisenbahnfans, denn sie wird von Kindern betrieben.

Abenteuer draußen

16 Der Abenteuer- und Bauspielplatz KUHFUß in Treptow

Selbst an einem eigenen kleinen Traumhaus bauen

Ihre Kinder lieben das Abenteuer, spielen gern an der frischen Luft und sind so richtige kleine Hobbybaumeister? Dann nichts wie raus und auf den Abenteuer- und Bauspielplatz KUHFUß in Treptow.

- **Anfahrt:** Mit der S-Bahn S41, S42, S8, S85 und S9 bis Treptower Park, dann mit Bus 194 bis Bouchéstraße oder mit dem Bus 104 bis Heidelberger Straße.
- **Öffnungszeiten:** Mo–Fr 13–18 Uhr und in den Ferien von 12–18 Uhr.
- **Preise:** Eintritt frei.
- **Altersempfehlung:** Für Kinder ab 7 Jahre.
- **Einkehr:** Vor Ort kann von den Kindern selbst gekocht oder gebacken werden.
- **Info:** Abenteuer- und Bauspielplatz Kuhfuß, Karl-Kunger-Straße 29, 12435 Berlin, Tel. 030/536 990 69, www.kinderring-berlin.de.

Hier gibt es viel Freiraum und Platz zum Spielen. Die Jungen und Mädchen können sich nach Herzenslust austoben und so laut sein, wie sie wollen. Unter pädagogischer Anleitung dürfen sich die Kinder ausprobieren, einbringen und sogar mitbestimmen. Die Mitarbeiter sind sehr engagiert und ganz bei der Sache, wenn es um die Arbeit mit den Kindern geht. Die Jungen und Mädchen sollen auch und gerade in der Großstadt an der frischen Luft sein, Spaß haben und ihre ganz eigenen Abenteuer erleben, statt zu Hause vor dem Computer oder Fernseher zu sitzen.

Auf dem großen Hüttenbaubereich wird gewerkelt und gebastelt, gesägt und gehämmert, bis sich die Balken biegen. Entstanden ist ein eigenwilliges kleines Dorf, das sich laufend verändert und weiter wächst. Der Kreativität sind keine Grenzen gesetzt und die Kinder schulen spielerisch ihre handwerklichen Fähigkeiten. Der Umgang mit Hammer, Nägeln und Sägen klappt im Nu.

Im Kleingarten säen und pflanzen die Kinder Gemüse und Kräuter. Liebevoll hegen und pflegen sie die Pflanzen und ernten stolz das reife Gemüse. Arbeiten wie Unkraut rupfen und Blumen gießen werden mit Freude erledigt. Zudem gibt es auf dem Gelände Hasen und Meerschweinchen

Abenteuer- und Bauspielplatz KUHFUß in Treptow

und eine große Wiese zum Herumtollen, Frisbee oder Fußball spielen und eine Kegelbahn. Die Allerkleinsten können sich im Buddelkasten und beim Wippen vergnügen.

Mittelpunkt des Abenteuerspielplatzes ist das Dorf aus Bauwagen und Holzhütten. Hier kann getöpfert oder gekocht werden, manchmal sogar mit dem Gemüse aus dem eigenen Garten. An einigen Abenden sitzen alle um ein prasselndes Lagerfeuer, grillen Kartoffeln oder Würstchen, erzählen Geschichten und lachen über Witze. Bei schlechtem Wetter ziehen sich die Kinder in den gemütlichen Teewagen zurück, um dort gemeinsam zu spielen, zu kochen oder zu backen. Hier gibt es auch eine kuschelige Ecke, um sich auszuruhen oder ein Buch zu lesen.

Auf dem Bauplatz KUHFUß

Tipp
Abenteuerspielplatz Forcki in Friedrichshain-Kreuzberg
Anfahrt: Mit der Tram 21 bis Forckenbeckplatz, der S-Bahn S41, S42, S8 und S85 bis Storkower Straße oder mit der U-Bahn U5 bis Frankfurter Tor oder Samariterstraße.
Öffnungszeiten: Der Platz ist Mo–Mi 13–18 Uhr sowie Do und Fr 14–19 Uhr geöffnet, das Haus Kokon Mo–Mi 14–18 Uhr sowie Do und Fr 14–19 Uhr.
Altersempfehlung: Geeignet für Kinder im Alter von 6–14 Jahre. Eintritt frei.
Info: Eldenaer Str./Forckenbeckplatz, 10247 Berlin, Tel. 030/453 056 690, www.forcki.de.
Abenteuerspielplatz Marie in Prenzlauer Berg
Anfahrt: Mit der Tram M2 bis Marienburger Straße, mit der M4 bis Station Hufelandstraße oder mit der M10 bis Station Winsstraße.
Öffnungszeiten: Im Sommer Di–Sa 13–20 Uhr, im Winter Di–Sa 12–19 Uhr.
Altersempfehlung: Für Kinder von 6–14 Jahre. Eintritt frei.
Info: Marienburger Str. 42/46, 10405 Berlin, Tel. 030/440 411 63,
E-Mail: asp-marie@netzwerkspielkultur.de.

Abenteuer draußen

17 Ein Ausflug in den Musemspark Rüdersdorf

Im Geländewagen zum Fossiliensammeln und riesige Öfen bestaunen

Der Museumspark Rüdersdorf ist ein großes Freilicht-Industriemuseum und liegt bei Berlin, nicht weit hinter der Stadtgrenze. Ein Industriedenkmal von hohem Rang und eine Erlebniswelt für sich.

Schachtofenbatterie von 1871

Wer nach Rüdersdorf will, steigt am S-Bahnhof Friedrichshagen in die Straßenbahnlinie 88 und fährt bis zur Haltestelle Heinitzstraße. Von hier sind es noch rund 300 Meter bis zum Eingang des Museumsparks.

- ■ **Anfahrt:** Mit der S3 bis S-Bahnhof Friedrichshagen und von dort mit der Tram 88 bis Heinitzstraße in Rüdersdorf.
- ■ **Öffnungszeiten:** Von April bis Okt. täglich von 10–18 Uhr und von Nov. bis März Di–So 10.30–16 Uhr.
- ■ **Preise:** Museumspark: Erwachsene 4,- €, Kinder 2,- €. Landrover-Tour (1 Std.): Erwachsene 9,- €, Kinder 5,- €. Geologische Führung (2 Std.): Erwachsene 10,- €, Kinder 6,- €. Die Touren sind täglich nach Voranmeldung möglich.
- ■ **Altersempfehlung:** Der Park bietet sich für einen Ausflug mit der ganzen Familie an. Da das Gelände sehr weitläufig ist, lohnt es, einen Kinderwagen mitzunehmen. Die Landrover-Tour und die geologische Führung sind für Kinder ab 6 Jahren geeignet.
- ■ **Einkehr:** Im Imbiss »Zum Bergmann« auf dem Gelände finden Sie eine kleine Stärkung zum kleinen Preis. An der Zufahrtsstraße zum Eingang des Museumsparks gibt es das nette Café-Restaurant »Le Marais« mit Biergarten.
- ■ **Info:** Museumspark Rüdersdorf, Heinitzstraße 41, 15562 Rüdersdorf bei Berlin, Tel. 033638/79 97-20 (Büro), 033638/79 97-19 (Kasse), www.museumspark.de.

Ein Ausflug in den Musemspark Rüdersdorf

Kurz hinter dem Eingang befindet sich das »Haus der Steine«. Das parkeigene Museum informiert über die geologische Entstehung des Rüdersdorfer Muschelkalks und dokumentiert die Geschichte der Gewinnung und Verarbeitung von Kalkstein aus dem Rüdersdorfer Kalkberg. Alle Exponate stammen aus dem benachbarten Tagebau. Für Familien mit Kindern lohnt es sich, einen Blick in die Ausstellung zu werfen. Der anschließende Spaziergang und die Besichtigung der Industriebauten und Öfen werden umso spannender.

Hits für Kinder und Familien sind mit Sicherheit die etwa einstündige rasante Landrover-Tour durch die Tal- und Schluchtenlandschaft des ehemaligen Tagebaugeländes und das Fossiliensammeln während einer geologischen Führung.

Mit dem Landrover fahren die Teilnehmer entlang der Bruchkante des aktiven Tagebaus. Die Tour ist ein wahres Abenteuer, die Kinder und Eltern werden in den Wagen so richtig durchgeschüttelt und -gerüttelt. Auf der Tour wird immer wieder angehalten, da sich an vielen Stellen ein beeindruckender Blick auf die große Kalklagerstätte und den aktiven Tagebau werfen lässt. Sie erfahren viel Wissenswertes über die Geschichte, Gegenwart und Zukunft des Kalksteinabbaus im Tagebau Rüdersdorf.

Auf der geologischen Exkursion begeben Sie sich, mit Hammer, Helm und Schutzbrille ausgerüstet, auf die Suche nach 230 Millionen Jahre alten Fossilien. Nach einem Besuch im Museum »Haus der Steine« geht es im Geländewagen raus zu den Fundorten für Mineralien und Fossilien. An eben diesem Ort gab es vor Millionen von Jahren ein flaches tropisches Meer. Die darin liegenden fossilen Tiere können von den Teilnehmern der Exkursion geborgen und alle Fundstücke sogar mit nach Hause genommen werden.

Auf dem weitläufigen, 17 Hektar großen Gelände sind die beeindruckenden bizarren Kalkbrennöfen, Rumfordöfen und eine Schachtofenbatterie sowie Kanalbauten zu besichtigen. Den Park abzulaufen dauert seine Zeit, ist jedoch ein eindrückliches Erlebnis und Erholung zugleich. Die Natur hat sich in den letzten Jahrzenten das Gebiet teilweise zurückerobert. Entstanden ist ein einzigartiges Biotop, und es finden sich viele seltene Pflanzen, die nur auf kalkhaltigen Böden wachsen.

Abenteuer draußen

18 Der Erholungspark Britzer Garten

Ein Tag an der frischen Luft bringt Erholung für die ganze Familie

Häuser aus Lehm bauen, an einer spannenden naturkundlichen Führung teilnehmen oder einmal mit einer historischen Eisenbahn fahren, all dies und noch viel mehr kann man im Britzer Garten unternehmen.

Der 90 Hektar große Garten ist aus der Bundesgartenschau 1985 hervorgegangen und gehört heute zu den schönsten Parkanlagen Berlins. Er ist ein moderner Landschaftsgarten mit Bächen, Quellen und Seen, Feuchtbiotopen, weiten Wiesen, Baum- und Gehölzgruppen und duftenden Blumenbeeten. Verschiedene Sonderschauen wie »Tulipan im Britzer Garten«,

■ **Anfahrt:** Der Britzer Garten hat mehrere Eingänge: Eingang Sangerhauser Weg und Eingang Tauernallee: Mit der U6 bis Alt-Mariendorf, dann mit dem Bus 179 bis Sangerhauser Weg. Eingang Buckower Damm: U- oder S-Bahn bis S- und U-Bahnhof Hermannstraße, von dort mit dem Bus M44 bis Britzer Garten. Eingang Mohriner Allee: Mit der U6 bis Alt-Mariendorf, dann mit dem Bus 181 bis Windröschenweg.
■ **Öffnungszeiten:** April bis Sept. 9–20 Uhr, März und Okt. 9–18 Uhr sowie Nov. bis Feb. 9–16 Uhr.
■ **Preise:** Britzer Garten: Für Kinder bis 5 Jahre Eintritt frei. Tageskarte: Erwachsene 2,- €, Kinder (6–14 Jahre) 1,- €. Sonderschauen: Erwachsene 3,- €, Kinder (6–14 Jahre) 1,50 €. Britzer-Museumsbahn: 1 Station: Kinder 0,50 €, Erwachsene 1,- €. 2 Stationen: Kinder 1,- €, Erwachsene 2,- €. 3 Stationen: Kinder 1,- €, Erwachsene 2,50 €. Rundfahrt: Kinder 2,- €, Erwachsene 3,50 €.
■ **Altersempfehlung:** Für die ganze Familie zu empfehlen, für jedes Alter geeignet.
■ **Einkehr:** Café am See, Bistro am Kalenderplatz oder in der Milchbar am Wasserspielplatz.
■ **Info:** Britzer Garten, Buckower Damm 146, 12349 Berlin, Tel. 030/700 906-80, www.gruen-berlin.de.

Der Erholungspark Britzer Garten

Planschen und spielen auf dem Wasserspielplatz

»Zauberblüten im Rhododendronhain« und »Dahlienfeuer« sowie spezielle Gartenanlagen wie der Hexengarten, der Karl-Foerster-Staudengarten oder ein herrlicher Rosengarten erhöhen den Reiz der Parklandschaft.

Vor allem ist der Britzer Garten ein Erholungspark für Groß und Klein und Jung und Alt. Für Eltern und Kinder gibt es viel zu entdecken und zu erleben. Am Wochenende können Familien an botanischen und ornithologischen Führungen teilnehmen, die vom Freilandlabor Britz e. V. (Förderverein zur Naturerziehung im Britzer Garten) angeboten werden. Die Kinder streifen unter sachkundiger Führung durch den Garten und erfahren zu jeder Jahreszeit viel Interessantes über die heimische Fauna und Flora. Über den Park verteilt finden sich viele Spielgeräte wie Schaukeln, Wippen und Holztiere sowie verschiedene sehr fantasievoll gestaltete Spielbereiche für Kinder und Jugendliche. Auch eine Minigolfanlage und ein Modellboothafen locken zum Spielen. Liegewiesen, Kioske und Sanitäranlagen befinden sich in unmittelbarer Nähe der Erlebnis- und Spielbereiche. So können die Eltern auf der Wiese liegen, sich in der Natur entspannen oder gemütlich ein Stück Kuchen essen, während die Kinder spielen oder die Gegend erkunden.

Abenteuer draußen

Der Wasserspielplatz neben der Milchbar begeistert vor allem kleine Kinder. Hier lässt es sich im Sommer wunderbar buddeln und planschen. Gleich nebenan befindet sich ein Gehege mit Eseln, Schafen und Ziegen, die von den Kleinen immer gern besucht werden. Die große Spiellandschaft mit Kletterpyramide, Fels- und Wasserlandschaft und dem im Sommer geöffneten Lehmdorf Makunaima ist eine ganz eigene Kindererlebniswelt. Im Mittelpunkt der Spiellandschaft befindet sich eine Weltkugel, umgeben von Erlebnisfeldern, die sich auf die Natur und ihre Elemente Feuer, Wasser, Luft und Erde beziehen. Im Lehmdorf darf nach Herzenslust mit Lehm gebaut, gepanscht und gespielt werden. Das Dorf ist 1989 aus einem Projekt hervorgegangen. Alles begann mit dem Bau eines kleinen Lehmofens und der Idee von Rainer Warzecha, mit Kindern kleine Dinge und Figuren aus Lehm herzustellen. Seit damals ist ein fantastisches Ensemble mit diversen Bauten und Kunstobjekten, Spielgeräten, einem Lehm-Pfau, Totempfählen und sogar einem kleinen Palast mit Aussichtsturm und Rutschen zum Klettern und Spielen in die Höhe gewachsen.

Für alle kleinen und großen Eisenbahnfreunde wartet ein ganz grandioses Bahnfahrterlebnis im Park. Seit 20 Jahren fährt die Britzer-Museumsbahn durch die schöne großzügig gestaltete Parklandschaft. Die historische Schmalspurbahn mit den restaurierten Originalwaggons wird von

Wer ist die schönste Blume im ganzen Land?

Der Erholungspark Britzer Garten

Wackliges Vergnügen auf der Hängebrücke

> **Tipp**
> Führungen durch die Britzer Mühle finden von April bis Oktober jeden Sonntag und an Feiertagen jeweils zur vollen Stunde von 11–16 Uhr für Erwachsene und Kinder ab 4 Jahren statt. Eintritt: Erwachsene 3,- €, Kinder 1,50 €.
> Infos: *Britzer Mühle*, Buckower Damm 130, 12349 Berlin, Tel. 030/604 20 57. Freilandlabor Britz e. V., Tel. 030/703 30 20. *Britzer-Museumsbahn-Berlin*, Buckower Damm 170, 12349 Berlin, Tel. 030/781 30 89 oder 0178/726 62 12.

Lok-Oldtimern gezogen. Langsam zuckelt die Bahn durch die abwechslungsreiche Landschaft des Britzer Gartens, vorbei an Seen und unter Brücken hindurch. Die zu jeder Jahreszeit interessante kleine Reise sollten Sie unbedingt mit Ihrer Familie antreten.

Falls Sie an einem Sonntag oder einem Feiertag im Park unterwegs sind, lohnt sich vor oder nach dem Parkbesuch ein kleiner Abstecher zu einer historischen Mühle unweit des Eingangs Buckower Damm. Die Britzer Mühle liegt idyllisch zwischen Obstbäumen außerhalb des Parks und ist unbedingt einen Besuch wert. 20 Meter hoch ragt die zwölfeckige Holländer-Windmühle in den Himmel. 1865 erbaut und bis 1936 noch mit Wind betrieben, ist sie nach Restaurierungsarbeiten in den 1980er-Jahren heute wieder voll funktionstüchtig. Bei ausreichend Wind wird noch immer Korn in der Mühle gemahlen. Für Kinder ist es sehr interessant zu sehen, wie das Korn zu Mehl verarbeitet wird, während es in der Mühle klappert und rattert. Den Duft von frisch gemahlenem Getreide in der Nase ist es aufregend und spannend, die steilen Stiegen und Stufen der Treppen bis hinauf in die fünfte Etage der Mühle zu steigen und bei Führungen den Bau sowie die Funktionsweise der Mühle erläutert zu bekommen.

Abenteuer draußen

19 Die »Gärten der Welt« im Erholungspark Marzahn

Ein Paradies zwischen Hochhäusern im ursprünglichen Wuhletal

Festlich geschmückt und erleuchtet liegt der Chinesische Garten, der den schönen Namen »Garten des wiedergewonnenen Mondes« trägt, im Erholungspark Marzahn. Es ist der Tag des traditionellen Mondkuchenfestes, und dies wird auch in Berlin gefeiert.

- **Anfahrt:** Mit der S7 bis Marzahn, von dort mit dem Bus 195 bis Erholungspark Marzahn oder mit der U5 bis Hellersdorf und mit dem Bus 195 weiter bis Erholungspark Marzahn.
- **Öffnungszeiten:** April bis Sept. 9–20 Uhr, März und Okt. 9–18 Uhr sowie Nov. bis Feb. 9–16 Uhr.
- **Preise:** Hauptsaison: Ende März bis Anfang Nov.: Erwachsene 3,- €, Kinder (6–14 Jahre) 1,50 €. Nebensaison: Erwachsene 2,- €, Kinder 1,- €. Kinder bis 5 Jahre Eintritt frei.
- **Altersempfehlung:** Für die ganze Familie geeignet.
- **Einkehr:** Im Teehaus, Café und Biergarten im Park.
- **Info:** »Gärten der Welt« im Erholungspark Marzahn, Eisenacher Straße 99, 12685 Berlin, Tel. 030/700 906 699, www.gruen-berlin.de.

Zur Feier des Tages führen verkleidete Tänzer den Tanz der Löwen auf. Mit einsetzender Dunkelheit beginnt zur Freude aller ein ungewöhnlicher Laternenumzug durch den Chinesischen Garten, angeführt von einem 40 Meter langen Drachen. Ein Feuerwerk über dem See, Musik und extra in China hergestellte Mondkuchen, die am Teehaus angeboten werden, bilden weitere Höhepunkte des Abends.

Das Mondkuchenfest ist ein ganz besonderer Anlass für einen Besuch in den »Gärten der Welt« in Marzahn. Doch eigentlich ist der Erho-

Parkfest

»Gärten der Welt« im Erholungspark Marzahn

lungspark immer einen Ausflug wert. Umgeben von Hochhäusern zwischen Marzahn und Hellersdorf gelegen ist der Park ein Kleinod in der Stadtlandschaft und bekannt für seine Gartenkunst aus aller Welt.

Familien finden hier viel Raum für Entspannung, Erholung und Naturgenuss. Die weite Parklandschaft lädt zu gemütlichen Spaziergängen ein. Auf dem Weg streifen Sie immer wieder eine der bezaubernden Gartenanlagen, die den Erholungspark auch über die Stadtgrenzen hinaus bekannt gemacht haben. Große Spiel- und Liegewiesen und schön gestaltete Spielplätze lassen die Zeit vergessen und machen der ganzen Familie Spaß. Im Park gibt es Picknickmöglichkeiten, oder Sie trinken einen Tee im Teehaus, schlecken mit den Kindern ein Eis oder lassen sich im Café, Biergarten oder chinesischen Imbiss kulinarisch verwöhnen.

Märchenerzähler

Der 210 Quadratmeter große Park mit seinen verschiedenen Gartenanlagen und den bezaubernden »Gärten der Welt« ermöglicht Einblicke in andere Kulturen. Der Chinesische Garten mit dem großen Teehaus ist der größte chinesische Garten in Europa. Hinzu kommen der Japanische Garten »des zusammenfließenden Wassers«, ein Koreanischer Garten, ein Balinesischer Garten mit Orchideen und tropischer, feucht-warmer Luft, ein Orientalischer Garten wie aus den Geschichten aus 1001 Nacht, ein Italienischer Renaissancegarten sowie der Karl-Foerster-Staudengarten.

Im Hecken-Irrgarten suchen ganze Familien gemeinsam nach dem Ausgang und amüsieren sich köstlich. Im Rhododendronhain ist ein Märchenpfad verborgen. Zehn bunte Märchenfiguren aus den Märchen von Hans Christian Andersen und den Gebrüdern Grimm stehen im Grünen und warten darauf, von den Kleinen entdeckt zu werden. Zu jeder Figur gibt es eine Tafel, auf der das Märchen geschrieben steht. Eltern oder Großeltern können dies den Kleinen vorlesen.

Abenteuer draußen

20 Die Zitadelle in Spandau

Eine uralte Burganlage als beliebtes Winterquartier für 10.000 Fledermäuse

Die Zitadelle, ein mächtiges quadratisches Festungsbauwerk aus dem 16. Jahrhundert, liegt auf einer Insel in der Havel, ist von einem Wassergraben umgeben und nur über eine Brücke zu erreichen. Heute verdecken viele Bäume den freien Blick auf die gewaltigen Festungsmauern.

- **Anfahrt:** U-Bahn: U7, Station Zitadelle. Bus: X33, Haltestelle U Zitadelle.
- **Öffnungszeiten:** Die Zitadelle ist täglich von 10–17 Uhr (auch an allen Feiertagen) geöffnet, der Fledermauskeller täglich von 12–17 Uhr.
- **Preise:** Erwachsene 4,50 € (Eintritt inklusive Museum, Juliusturm und Ausstellungen), ermäßigt: 2,50 €, Familienkarte: 10,- €.
- **Altersempfehlung:** Für Kinder ab ca. 3 Jahre. Feste sind für die ganze Familie zu empfehlen.
- **Einkehr:** »Zitadellen Schenke« in den Gewölberäumen des Kommandantenhauses und Biergarten im Sommer. Es wird eine rustikale Küche angeboten.
- **Info:** Zitadelle, Am Juliusturm 64, 13599 Berlin, Tel. 030/354 944-0, www.zitadelle-spandau.de.

Innerer Festungshof

Ältester Teil der Anlage ist der von Zinnen gekrönte Juliusturm aus dem 13. Jahrhundert, der bereits lange vor dem Bau der Zitadelle errichtet wurde. Als weitere Gebäude sind der Palas, das ehemalige Kommandantenhaus im Zitadellenhof und die Katakomben zu erwähnen – eine wahrlich beeindruckende Anlage, die nicht nur Kinder staunen lässt. Familien können mühelos viele Stunden auf der Zitadelle verbringen. Die meisten Sehenswürdigkeiten dürfen die Besucher selbst erkunden. Bei regelmä-

Die Zitadelle in Spandau

ßig angebotenen Führungen sieht man sonst unzugängliche Bereiche wie die Gewölberäume, die berühmten Kasematten und das Pulvermagazin in der Bastion Königin. Solch eine Führung bietet sich für Familien mit etwas älteren Kindern an. Die Aussicht vom Juliusturm auf die Havel ist grandios und den Turm zu besteigen macht Kindern viel Spaß.

Blick auf die Zitadelle mit Festungsgraben

Die eigentliche Attraktion der Zitadelle sind jedoch die Fledermäuse, die in den Katakomben ihr Quartier gefunden haben. Jedes Jahr überwintern Tausende im Schutz der alten Keller. Besonders im Herbst, zur Schwärm- und Paarungszeit, können Familien die Tiere in großer Anzahl erleben und sehen.

Neuester Hit und ein Naturerlebnis der besonderen Art sind die Floßtouren auf dem Zitadellengraben. Ein Abenteuer für die ganze Familie, bei dem neben den Fledermäusen auch das wilde Naturrefugium bewundert werden kann. In eigens entwickelten Katamaranen fahren die Besucher vom alten Hafen der Festung in den geschützten Landschaftsbereich hinein und können hier verschiedene Wasservögel und gegen Abend auch Biber entdecken. Nach Einbruch der Dunkelheit tauchen jagende Abendsegler und Wasserfledermäuse auf. Mithilfe von Ultraschalldetektoren werden die Ortungsrufe der Tiere für die Besucher hörbar gemacht.

Palas mit Juliusturm

Abenteuer draußen

> **Tipp**
> Die Heimatkundliche Vereinigung bietet Zitadellenführungen nur für Kinder an. Themen sind z. B. »Wer erbaute die Zitadelle?« oder »Wie lebte man auf der Spandauer Burg im Mittelalter?«. Information und Anmeldung bei der Heimatkundlichen Vereinigung unter Tel. 030/339 787 74.

Das Berliner Artenschutz Team BAT e. V. veranstaltet regelmäßig spezielle Fledermausführungen und lädt jedes Jahr zum Fledermausfest auf die Burg ein. Im Frühjahr und Sommer kann bei Führungen der abendliche Einflug der heimischen Fledermäuse in die Katakomben beobachtet werden oder Eltern und Kinder steigen tief hinab zu den Fledermäusen in die Gewölbe. Durch die Nähe zu den Tieren versuchen die Veranstalter, die Kinder schon früh aktiv an den Artenschutz heranzuführen.

Auch im Winter lohnt sich ein Besuch bei den Fledermäusen im ganzjährig geöffneten Fledermauskeller, dem ein Ausstellungsbereich angegliedert ist. Die Ausstellung bietet viele interessante Informationen zum Thema Fledermäuse. In einem Schaugehege tummeln sich rund 200 tropische Fledertiere, z. B. nordafrikanische Nil-Flughunde und Brillenblattnasen aus Mittel- und Südamerika. Damit die Besucher die nachtak-

Museumskinderfest auf der Zitadelle

Die Zitadelle in Spandau

tiven Tiere tagsüber beobachten können, leben diese in einem umgekehrten Tag/Nacht-Rhythmus. Im Fledermauskeller finden auch Kindergeburtstagsfeiern statt. Das Geburtstagskind darf die Fledermäuse mit einer Extra-Banane füttern.

Die Zitadelle bietet in ihren Räumlichkeiten ein breites und vielfältiges Freizeit- und Kulturangebot für Kinder an. In der Wollwerkstatt können Schulkinder die Verarbeitung von Wolle mit alten Geräten und Handwerkstechniken erlernen und mit dem Verein Klangholz musizieren und Instrumente bauen. Das Puppentheater auf der Zitadelle zeigt Kindergeschichten und Märchen für Kinder ab 3 Jahre.

Der Juliusturm

Jedes Jahr finden tolle Festveranstaltungen für die ganze Familie auf der Zitadelle statt. Im Frühling, meist über die Ostertage, wird das Ritterfest gefeiert. Auf dem Zitadellenhof wird ein großes Ritterlager errichtet und es werden Ritterturniere zu Pferde und am Boden ausgetragen. Ein historischer Markt mit Musik und Tanz, Akrobaten, Gauklern, Feuershows, Garküchen und Tavernen runden das Fest ab. Für alle kleinen und großen Ritterfans ist das ein einmaliges Spektakel. In der Walpurgisnacht tanzen Hexen, Feuerschlucker und Gaukler um das Maifeuer. Im Sommer findet das große Museumskinderfest und der Spandauer Zitadellentag statt. Beim Kinderfest gehört die Burg ganz den Kindern. Jungen und Mädchen ab 4 Jahre dürfen an geheimnisvollen Führungen durch die Festungsgänge teilnehmen und nach Herzenslust alles ausprobieren. Auf dem Programm stehen Stockbrot backen am Lagerfeuer, malen, spinnen oder töpfern.

Abenteuer draußen

21 Ein Ausflug auf die Pfaueninsel

Ein Märchenschloss für Königin Luise und Pfauen in freier Natur erleben

Diese kleine idyllische Havelinsel, gerade mal 1,5 Kilometer lang, lädt ein zu ausgedehnten Spaziergängen und lässt Eltern wie Kinder zur Ruhe kommen und in aller Stille die Natur erleben. Nur Vogelgezwitscher und die Rufe der Pfauen oder ein gelegentliches Quaken der Wasservögel sind zu hören.

- **Anfahrt:** Mit der S1 oder S7 bis Wannsee, dann mit dem Bus 218 bis Pfaueninsel. Von Potsdam aus mit der Tram 93 bis Glienicker Brücke, dann mit dem Bus 316 bis Nikolskoer Weg und mit dem Bus 218 bis Pfaueninsel. Die Fähre verkehrt im 15-Min.-Takt.
- **Öffnungszeiten:** Nov. bis Feb. 10–16 Uhr, März bis April und Sept. bis Okt. 9–18 Uhr, Mai bis Aug. 8–21 Uhr.
- **Preise:** Schloss: 3,- €, ermäßigt 2,50 €. Meierei: 2,- €, ermäßigt 1,50 €. Fähre: 2,- €.
- **Altersempfehlung:** Für die ganze Familie.
- **Einkehr:** Direkt am Fähranleger befindet sich das Wirtshaus zur Pfaueninsel.
- **Info:** Pfaueninsel, Am Ende der Pfaueninselchaussee, Nikolskoer Weg, 14109 Berlin.

Die Pfaueninsel ist ein ganz besonderes Ausflugsziel und bietet Familien die Möglichkeit, Berlin von einer neuen Seite kennenzulernen. Früher wurden auf dem Eiland Kaninchen gezüchtet, weshalb die Insel Kaninchenwerder hieß. Erst mit Königin Luise und ihrem Mann Friedrich Wilhelm III. kamen die Pfauen und erhielt die Insel ihren heutigen Namen. Königin Luise liebte die Insel und verbrachte hier die Sommermonate.

Seit 1924 ist die Insel mit ihrer reichen Flora und Fauna Naturschutzgebiet und gehört seit 1990 zum UNESCO Weltkulturerbe. Die Wege im Landschaftsgarten dürfen nicht verlassen werden, doch gibt es eine wunderschöne Blumenwiese, die als Liege- und Spielwiese ausgewiesen ist und auf der es sich im Sommer herrlich picknicken und toben lässt. Langeweile kommt bestimmt nicht auf.

Schon die kurze Überfahrt mit der Fähre ist für Kinder ein tolles Erlebnis. Am Fähranleger auf der Insel haben Sie zwei Möglichkeiten, das Ei-

Ein Ausflug auf die Pfaueninsel

Bewohner der Pfaueninsel

land zu erkunden. Entweder umrunden Sie die Insel einmal oder Sie wandern auf verschlungenen Wegen unter jahrhundertealten Bäumen entlang quer über die Insel. Für Kinder ist sicher die zweite Variante die spannendere Tour. Der Rundgang über die Insel ist abwechslungsreich und dauert ca. 1 bis 1,5 Stunden. Neben den Naturschönheiten, seltenen Bäumen wie Ginkgos und Zedern und alten mächtigen Eichen, verteilen sich über die Insel verschiedene Anlagen und Bauten. Das Kavalierhaus, die Meierei und der Rosengarten sind sehr sehenswert.

Mit Sicherheit begegnen Sie bei Ihrem Spaziergang den frei lebenden Pfauen und können beobachten, wie die Männchen ihr farbenprächtiges Schmuckleid zu einem Rad aufstellen. In einer Voliere sind weitere Vögel zu sehen. Das 1794 erbaute romantische weiße Schloss mutet märchenhaft an. Gekrönt von zwei Türmchen, die durch eine filigrane eiserne Wandelbrücke verbunden sind, ist es schon von Weitem zu sehen. Die Ausstattung im Inneren des Schlosses ist im Original erhalten und kann besichtigt werden. Von der Wandelbrücke hat man einen wunderbaren Blick über die Havel nach Sacrow hinüber und auf die Pfaueninsel.

> **Tipp**
>
> Wenn Sie nicht mit dem Bus anreisen möchten, können Sie den Besuch auf der Pfaueninsel auch mit einer Radtour vom S-Bahnhof Wannsee aus kombinieren. Auf der Insel gibt es keine Einkehrmöglichkeit. Hier sollten Sie eine Packung Kekse oder im Sommer einen Picknickkorb mitbringen.

Abenteuer draußen

22 Die Familienfarm Lübars im Norden von Berlin

Landluft schnuppern auf einem Bauernhof und ein Besuch in Alt-Lübars

Lübars ist für Familien mit Kindern ein schönes Ausflugsziel. In der Fließlandschaft um Alt-Lübars erleben Sie Natur pur und auf der Familienfarm begeistern viele Tiere die Kleinen und Größeren.

- **Anfahrt:** Mit dem Bus X21 bis Endhaltestelle Quickborner Straße oder mit dem Bus M21 bis Treuenbrietzener/Ecke Quickborner Straße. Beide Linien haben Anschluss an den S- und U-Bahnhof Wittenau.
- **Öffnungszeiten:** April bis Okt. 10–18 Uhr und Nov. bis März 10–17.30 Uhr.
- **Preise:** Der Eintritt auf den Hof ist frei.
- **Altersempfehlung:** Ab Kindergartenalter und für Familien.
- **Einkehr:** In der Hofschenke. In Alt-Lübars finden sich verschiedene Cafés und kleine Restaurants.
- **Info:** Familienfarm Lübars, Alte Fasanerie 10, 13469 Berlin, Tel. 030/414 088 59, www.familienfarm-luebars.de.

Gemeinsam Brot backen

Die Familienfarm Lübars ist ein Bauernhof wie aus dem Bilderbuch und liegt am Rande des Freizeit- und Erholungsparks Lübars. Zum Hof gehören Ställe, eine Scheune sowie eine Schenke, in der herzhafte Mahlzeiten serviert werden, sowie ein kleiner Hofladen mit Eiern, Honig und Wurst aus eigener Produktion und natürlich viele Tiere. Pferde, Rinder, Esel, Kaninchen und Federvieh, sogar Fasane werden hier gehalten. Die Kinder, die die Farm besuchen, können den Tierpflegern beim Füttern der Tiere zuschauen. Gern werden alle Fragen der Kids beantwortet. So sammeln gerade Stadtkinder wertvolle Erfahrungen und Naturkundekenntnisse.

Die Familienfarm Lübars im Norden von Berlin

Übers Jahr lädt die Farm Besucher zu jahreszeitlichen Festen wie Frühlings- und Erntedankfest, zum Martinstag und Adventsbasar ein. Unter der Woche werden viele Freizeitevents für Kinder ab 7 Jahren und deren Eltern angeboten. In den Sommerferien gibt es ein extra Ferienfreizeitprogramm für die Kids.

Rings um die Farm breiten sich die Wiesen des Freizeit- und Erholungsparks Lübars aus und gar nicht fern ragen die Hochhäuser des Märkischen Viertels in den Himmel. Ausgedehnte Rad-, Reit- und Wanderwege sowie Liege- und Spielwiesen und ein Strandbad im Freizeitpark tragen zur Attraktivität bei. Auf der Lübarser Höhe kann man Drachen steigen lassen und im Winter rodeln.

Wer Lust hat, kombiniert den Besuch auf der Farm mit einer kleinen Wanderung durch den Freizeitpark nach Alt-Lübars. Lübars ist Berlins letztes noch weitgehend ursprünglich erhaltenes Dorf und liegt inmitten von weiten Feldern, Wiesen und Pferdekoppeln in einem Fließtal am Rande der Stadt. Um den alten Dorfkern, mit Kirche und Friedhof um einen Dorfanger herum, liegen Bauernhöfe, Handwerksbetriebe, Reiterhöfe und Stallungen. In der Landschaft des Tegeler Fließes lässt es sich wunderbar spazieren gehen. Mit Fahrrädern kann man die Strecke von der Familienfarm ins Dorf im Nu zurücklegen, zu Fuß ist man etwa 25 Minuten unterwegs. Natürlich können Sie auch mit dem Auto fahren.

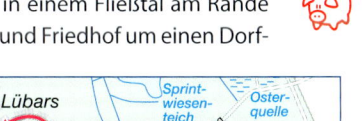

Tipp
Die Eisdiele ANGELINA ist das kulinarische Highlight in Lübars und liegt direkt am Dorfeingang. Im Sommer und an den Wochenenden bilden sich hier lange Schlangen.
Info: Alt-Lübars 36A, 13469 Berlin.

61

Abenteuer draußen

23 Mit der BVG-Fähre nach Kladow tuckern

Eine schöne Dampferfahrt mit Kind und Kegel über den Großen Wannsee

Ein herrlicher und noch dazu günstiger Wochenendausflug führt Sie mit der BVG-Fähre auf dem Wasserweg nach Kladow, ein idyllisches Örtchen im südwestlichen Zipfel des Stadtteils Spandau.

Die kleine Fähre legt an der Dampferanlegestelle Berlin-Wannsee direkt gegenüber dem S-Bahnhof Wannsee ab. Diese Fährverbindung ist die preiswerte Alternative unter den Dampferstrecken auf dem Wannsee. Zur Fahrt berechtigen die regulären Fahrscheine der BVG und es können sogar Fahrräder mit auf das Schiff genommen werden. Das ist praktisch, denn Räder können Sie in Kladow gut gebrauchen, um die nähere Umgebung auf der anderen Seite der Havel zu erkunden.

Vom Oberdeck betrachten wir die vorbeiziehende Landschaft. Segelschiffe und Dampfer auf dem Wasser, Wald, das Strandbad Wannsee und

> ■ **Anfahrt:** Mit der S-Bahn S1 oder S7 oder mit der Regionalbahn nach Wannsee. Von Kladow fährt auch die Buslinie 134 zum Bahnhof Rathaus Spandau und die Expressbuslinie X34 zum Bahnhof Zoologischer Garten.
> ■ **Öffnungszeiten:** Im Sommerhalbjahr verkehrt die Fähre ab Wannsee Mo bis Fr 6–19 Uhr, Sa 7–19 Uhr und So 10–18 Uhr. In Kladow finden die Abfahrten jeweils eine halbe Std. später statt. Im Winterhalbjahr verkehrt die letzte Fähre von Mo bis Sa 1 Std. und am So 2 Std. früher.
> ■ **Preise:** Die Fähre kann mit den regulären BVG- bzw. VBB-Tickets benutzt werden. Kurzstreckentickets gelten nicht.
> ■ **Altersempfehlung:** Für die ganze Familie geeignet.
> ■ **Einkehr:** In Kladow finden sich rund um den Fähranleger verschiedene Cafés, Gaststätten und Biergärten. In Wannsee kann der Ausflug im Biergarten Loretta ausklingen.
> ■ **Info:** www.bvg.de, www.kladow-online.info.

Mit der BVG-Fähre nach Kladow tuckern

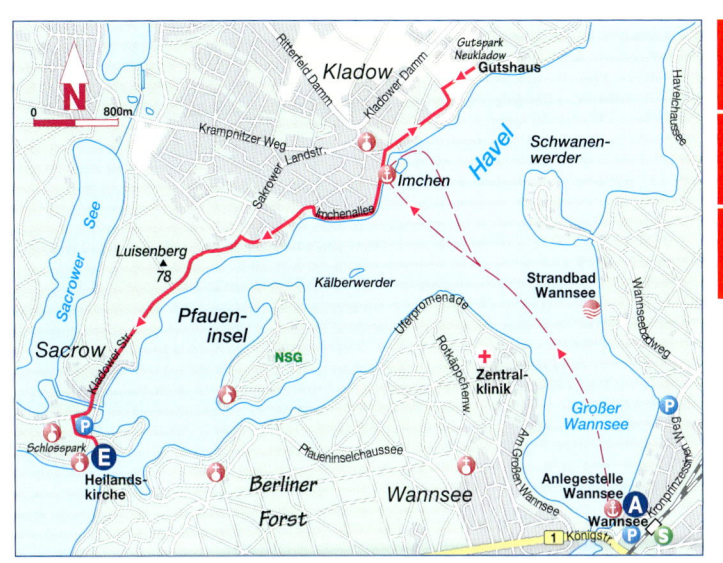

Schwanenwerder ziehen am Auge vorbei, und so wird den kleinen Seefahrern auch bestimmt nicht langweilig. Die Fähre fährt einmal quer über den Großen Wannsee und überquert dann die Havel, um 20 Minuten später in Kladow anzulegen. Am kleinen hübschen Hafen mit Promenade laden Cafés und Restaurants zur Stärkung ein. Nicht weit liegt ein großer Spielplatz, der für Kinder attraktiv und nach der Fahrt mit dem Schiff eine willkommene Abwechslung ist.

In Kladow können Sie mit Ihren Kindern Fahrrad fahren, im Sommer an einer Badestelle ins Wasser springen und die Picknickdecke ausbreiten oder das Gutshaus im Gutspark Neu-Kladow besuchen. Haben Sie die Räder dabei, lohnt sich die Fahrt zur Heilandskirche in Sacrow.

Zurück nach Wannsee geht's mit einer späteren Fähre. Im Sommer kann es voll werden, da viele Ausflügler unterwegs sind. Es empfiehlt sich besonders mit Kindern früh am Anleger zu sein. Übrigens lohnt sich auch ein Ausflug in der Vorweihnachtszeit. Der traditionelle Weihnachtsmarkt nahe vom Hafen findet an einem der ersten Adventswochenenden statt.

Abenteuer draußen

24 Eine Erlebniswanderung durch den Berliner Stadtforst

Vom Lehrkabinett über den Waldlehrpfad am Teufelssee zum Müggelturm

■ **Anfahrt:** Mit der S-Bahn S3 bis Bahnhof Köpenick, dann mit dem Bus X69 bis Rübezahl. Von dort noch ca. 10 Min. Fußweg bis zur Waldschule Lehrkabinett Teufelssee.

■ **Öffnungszeiten:** Den Teufelssee mit dem Naturlehrpfad kann man das ganze Jahr über besuchen. Das Lehrkabinett ist ganz-jährig Di bis Fr und So 10–16 Uhr geöffnet. Mo und Sa geschlossen.

■ **Preise:** Eintritt für Kinder und Erwachsene in das Lehrkabinett ist frei. Nur Veranstaltungen wie z. B. Waldführungen sind kostenpflichtig. Der Aufstieg auf den Müggelturm kostet für Erwachsene 1,- €.

■ **Altersempfehlung:** Für die ganze Familie.

■ **Einkehr:** Eine Einkehrmöglichkeit vor Ort besteht nicht. Am besten Kekse oder Brote und Obst mitnehmen.

■ **Info:** Lehrkabinett und Waldschule Teufelssee, Müggelheimer Damm 144, 12559 Berlin, Tel. 030/654 13 71, www.am-mueggelsee.de.

Ein Ausflug in die Köpenicker Müggelberge ist zu jeder Jahreszeit ein schönes Naturerlebnis. Eltern und Kinder lernen gemeinsam im Lehrkabinett und auf dem Waldlehrpfad viel Interessantes und Neues kennen und genießen auf einer kurzen Waldwanderung die Natur.

Die älteste Waldschule Berlins liegt in der Nähe des Teufelssees am Rande des Teufelsmoores in den Müggelbergen. Zur Schule gehören ein Lehrkabinett und ein Waldlehrpfad. Es bietet sich an, zuerst das Kabinett zu besuchen und von dort den Lehrpfad zu erkunden. Im Anschluss läuft man noch ein kurzes Stück durch die hügelige Waldlandschaft und steigt die 126 Stufen des Müggelturms empor. Der knapp 30 Meter hohe Turm ist das Wahrzeichen der Müggelberge, die mit 115 Metern die höchste natürliche Erhebung im Berliner Raum darstellen. Von der Aussichtsplattform bietet sich bei schönem Wetter ein fantastischer Blick über die Wald- und Seenlandschaft mit Müggelsee und Langer See ringsum.

Im Lehrkabinett ist eine ständige Ausstellung zu sehen. Dioramen mit verschiedenen Waldtieren, ein Formikarium, in dem ein ganzer Waldameisenstaat lebt, und eine computerge-

Erlebniswanderung durch den Berliner Stadtforst

steuerte Vogelwand, die Auskunft über die Vögel der Müggellandschaft gibt, sind zu sehen. Ausgestopfte Dachse, Rehe und Wildschweine oder eine Zecke unterm Mikroskop können betrachtet, an der Duftorgel der Geruchssinn getestet oder ein Baumstammpuzzle zusammengesetzt werden. Den begehbaren Fuchsbau in den Außenanlagen sollten Sie unbedingt mit Ihren Kindern anschauen. Einmal im Monat ist Familiensonntag. An diesem Tag bietet das Lehrkabinett spezielle Angebote für Kinder und Familien.

Direkt am Lehrkabinett beginnt der drei Kilometer lange Waldlehrpfad und führt am Südufer des Teufelssees entlang. Der kleine sagenumwobene See ist in der letzten Eiszeit entstanden. Dunkel und still liegt das nur drei Meter tiefe und im Sommer mit Seerosen bewachsene Gewässer geheimnisvoll im Wald. Noch heute kann man in der Waldlandschaft unterschiedliche Oberflächenformen erkennen, die auf Endmoränen, Sander und Talsandflächen hinweisen. Ein mit Holzbrettern befestigter Weg führt durch das morastige Gelände des Moores am Teufelssee und durch einen Erlenbruchwald. Auf Schautafeln wird die heimische Tier- und Pflanzenwelt erklärt und über die Entstehung der Müggelberge informiert. Es gibt anschauliche Informationen zu Botanik und Zoologie der unterschiedlichen Ökosysteme sowie zur Geomorphologie und zur Forstwirtschaft.

Tipp

Einer alten Sage nach soll einst ein wunderschönes Schloss am Rande des Teufelssees gestanden haben. Als aber die dort lebende Prinzessin verwünscht wurde, versank sie mitsamt ihrem Schloss im Moor. Der Sage nach soll sie noch heute ab und an zu sehen sein und sich Seerosen an ihr Kleid stecken.

Abenteuer draußen

25 Ein Tagesausflug nach Woltersdorf

Wo vor hundert Jahren Monumentalfilme gedreht wurden, ist wieder Ruhe eingekehrt

Das einstige Bauern- und Schifferdorf liegt beschaulich zwischen Seen und Wäldern. Die große Zeit, als Woltersdorf als Hollywood auf märkischem Sand Geschichte schrieb, ist lange vorbei. Heute, wie schon im 19. Jahrhundert, ist es wieder ein beliebtes Ausflugsziel.

Los geht die Fahrt am S-Bahnhof Rahnsdorf. Hier beginnt die Straßenbahnlinie 87, und diese ist keine gewöhnliche Bahn. Die kleine Tram, die hier seit 1913 verkehrt, ist bald hundert Jahre in Betrieb. Somit ist die nostalgische Fahrt an sich schon ein nicht alltägliches Erlebnis. Die Waggons der historischen Tram ruckeln und rumpeln über die Schienen. Zunächst führt die Strecke rund zwei Kilometer durch den Wald, bevor sie sich dann

- ■ **Anfahrt:** Mit der S-Bahn S3 bis Bahnhof Rahnsdorf, von dort mit der Tram 87 bis nach Woltersdorf Schleuse. Die Tram fährt im 20–Min.-Takt. Am besten vorher die Abfahrtszeiten im Internet heraussuchen, um unnötige Wartezeiten zu vermeiden.
- ■ **Öffnungszeiten:** Das Ausflugsziel kann man das ganze Jahr über besuchen. Zu empfehlen ist jedoch das Sommerhalbjahr. In den Wintermonaten kein Dampferbetrieb. Der Aussichtsturm ist von April bis Okt. Mo–Fr 9.30–15.30 Uhr und Sa, So und Feiertage 10–17 Uhr geöffnet. Von Nov. bis März nur Sa, So und Feiertage 10–16 Uhr.
- ■ **Preise:** Die Woltersdorfer Straßenbahn kann mit den normalen VBB-Tickets (Tarifbereich BC) genutzt werden. Die Fahrt nur mit der historischen Straßenbahn kostet für Erwachsene 1,20 €, für Kinder (6–14) 0,90 €. Die Dampferfahrt von Woltersdorf zum Hafen Treptow kostet 15,50 € pro Person.
- ■ **Altersempfehlung:** Ein Ausflug für die ganze Familie.
- ■ **Einkehr:** Verschiedene Cafés und Restaurants rund um die Woltersdorfer Schleuse.
- ■ **Info:** www.woltersdorf-berlin.com. Schiffstour Köpenick: www.info-koepenick.de. Hier finden Sie alle aktuellen Information.

Ein Tagesausflug nach Woltersdorf

durch den alten Ortskern mit Kirche bis zur Endstation an der Woltersdorfer Schleuse schlängelt.

Die blaue Schleuse Ost, die an der Verbindung von Kalksee und Falkensee liegt, ist die Sehenswürdigkeit von Woltersdorf. Bereits im Jahr 1550 wurde hier die erste Schleuse erbaut. Nach verschiedenen Modernisierungen wird sie auch heute noch regelmäßig benutzt und gerade in der warmen Jahreszeit herrscht hier geradezu Hochbetrieb. Mit Sicherheit können Sie bei Ihrem Besuch den Schleusenverkehr direkt miterleben und von der Fußgängerbrücke aus beobachten. Um die Schleuse herum sind verschiedene Cafés und Gaststätten zu finden. Hier können Sie einkehren und sich ein wenig stärken, bevor Sie den Aufstieg auf den Kranichsberg antreten.

Hoch oben auf dem Berg steht ein hölzerner Aussichtsturm. Zwischen 1976 und 1989 von der Stasi genutzt, dient er heute Besuchern und Touristen als Ausflugs- und Wanderziel. Von der Aussichtsplattform reicht die Sicht bei gutem Wetter bis nach Erkner, bis zum Rüdersdorfer Zementwerk und sogar bis zum Fernsehturm nach Berlin. Im Inneren des Turms befindet sich eine nette kleine Ausstellung zur Filmgeschichte Woltersdorfs. Von 1910 bis 1926 wurden rund 50 Filme in der umliegenden Landschaft gedreht. Kalkstein, Seen und Wälder boten sich als ideale Kulisse an.

Wieder im Dorf unten angekommen haben Sie verschiedene Möglichkeiten. Ist noch Zeit, können Sie sich ein Paddel- oder Tretboot an der Strandpromenade ausleihen oder im Sommer an einem nahe gelegenen Sandstrand mit den Kindern baden gehen. Zurück nach Berlin geht's entweder wieder mit der Straßenbahn oder mit dem Dampfer. Dieser fährt ab Woltersdorf um 14.50 Uhr über die Müggelspree und den Großen Müggelsee zum Hafen Treptow. Die Fahrt ist ein schöner Ausklang des Tages.

Abenteuer draußen

26 Der Filmpark in Babelsberg

Eintauchen in die zauberhafte Welt des Films in der Babelsberger Traumfabrik

Zu einem unvergesslichen Erlebnis wird ein Ausflug in die Filmstudios in Babelsberg. Jede Menge Spaß ist garantiert und Familien sollten ruhig einen ganzen Tag einplanen, um die Wiege des deutschen Films zu erkunden.

Einmal schminken wie die Profis

Die Filmstudios, die auf dem Gelände der legendären Ufa-Studios liegen und auf dem nach dem Krieg die DEFA gegründet wurde, gehören heute zu den ältesten Filmproduktionsstätten weltweit. 1993 wurde auf dem großen Studiogelände der Filmpark Babelsberg eröffnet. 2011 feiert Babelsberg sogar 100 Jahre Film- und Medienstadt Babelsberg, denn 1911 wurde der Grundstein für das erste Filmstudio gelegt.

■ **Anfahrt:** Mit der Regionalbahn bis Bhf. Medienstadt-Babelsberg, 5 Min. Fußweg. Mit der S7 bis S-Bhf. Griebnitzsee und von dort weiter mit dem Bus 696. Von Potsdam-Hauptbahnhof mit den Bussen 601, 618, 619 oder 690 bis Filmpark.
■ **Öffnungszeiten:** Von Mitte April bis Ende Okt. täglich 10–18 Uhr.
■ **Preise:** Erwachsene 21,- €, ermäßigt 17,- €, Kinder 14,- €, Familienkarte (2 Erw. mit bis zu 3 Kindern von 4–14 Jahren) 60,- €. Schnupperticket (3 Std. vor Parkschließung) Erwachsene 15,- €, ermäßigt 13,- €, Kinder 9,- €.
■ **Altersempfehlung:** Ab 4 Jahre.
■ **Einkehr:** Auf dem Filmparkgelände im Erlebnisrestaurant Prinz Eisenherz. Eingerichtet in der Originalkulisse des gleichnamigen Films von 1997 mit angeschlossenem Burggarten. Oder im Kinderrestaurant Köhler Jeromir neben dem Haus vom kleinen Tiger und kleinen Bären in der Janosch-Traumlandschaft. Zudem gibt es kleine Buden, Cafés und mobile Stände.
■ **Info:** Filmpark Babelsberg, Besuchereingang: Großbeerenstraße, 14482 Potsdam, Tel. 0331/721 27 50 (Besucherservice), www.filmpark-babelsberg.de.

Der Filmpark in Babelsberg

Welche Magie von Filmen ausgehen kann, ist vielen Erwachsenen bewusst, doch für Kinder ist es ungeheuer spannend, einen Blick hinter die Kulissen zu werfen: zu erfahren, wie ein Film entsteht, in die Schmink- oder Maskenbildner-Werkstatt zu schauen und durch die Filmwelt ihrer kleinen Helden zu wandern. Mehr als 20 abwechslungsreiche Attraktionen erwarten die Gäste im Erlebnispark. Eine geführte Studiorundfahrt durch die Medienstadt gibt einen guten Überblick über das Gelände, und die Besucher erhalten Einblick hinter die Kulissen von Film und Fernsehen.

Ein Höhepunkt für die Kleinen ist sicher der Besuch im gläsernen Studio des rbb-Sandmännchens. Hier können sie den Machern des Sandmännchens über die Schultern schauen und Fahrzeuge anschauen, die an die Reisen des Sandmännchens zu Kindern in aller Welt erinnern. In Janoschs Panama-Traumland fahren Sie und Ihre Kinder mit einem Boot durch eine Fantasielandschaft, die dem Buch »Oh, wie schön ist Panama« nachempfunden wurde. Auch das Haus vom kleinen Tiger und dem kleinen Bären ist nicht weit. Der Original-Löwenzahn-Bauwagen, mit dem Peter Lustig 25 Jahre auf Sendung ging, steht nun in einem Garten zwischen Apfelbäumen, Gemüsebeet und Wildkräutern und wartet auf neugierige Besucher. Man kann dem Training von Filmtieren beiwohnen und Tieren aus bekannten Filmproduktionen begegnen. Auf dem Dschungel-Abenteuerspielplatz können sich die Kids so richtig austoben. Die atemberaubende und für Nervenkitzel sorgende Stuntshow im Vulkan sollten Sie mit Ihrer Familie auf keinen Fall versäumen. In der 30-minütigen Show zeigen Stuntmen ihr wahres Können. Große wie kleine Action-Fans kommen hier voll auf ihre Kosten.

> **Tipp**
> Im 4D-Actionkino erleben Sie Filmstreifen auf hydraulisch gesteuerten Sitzbänken, die sich bildsynchron zur 70-mm-Projektion bewegen. Der Kinospaß wird von Nebel und Wind begleitet. Das Projekt Spatzenkino zeigt Filme für Kinder ab 4 Jahren in verschiedenen Kinos in Berlin. Info: ww.spatzenkino.de.

Weitere Highlights, die nicht nur Kinderaugen strahlen lassen, sind die Mittelalterstadt, die Gärten des kleinen Muck und die Westernstraße mit Saloon, ein spannender Spielplatz für alle Hobby-Cowboys. Außerdem können Sie noch im Atelier Traumwerker vorbeischauen, eine dramatische Tauchgangsituation im U-Boot Boomer erleben und das Kinderradio Teddy besuchen.

Abenteuer draußen

27 Park und Schloss Sanssouci
Wo Friedrich der Große gern Flöte spielte

Friedrich der Große, auch als König mit der Flöte bekannt, liebte das Schloss Sanssouci. Hier lud er illustre Persönlichkeiten zum Gespräch und Gedankenaustausch ein und gab seine berühmten Flötenkonzerte. Sogar Johann Sebastian Bach war in diesen Sälen zu Gast.

Ein Ausflug nach Sanssouci ist ein Freizeitgenuss für die ganze Familie. Der Schlosspark zeigt zu jeder Jahreszeit seine Pracht: blühende Wiesen im Frühling und Sommer und raschelndes Laub und prächtig gefärbte Bäume im Herbst. Im weitläufigen Schlosspark, durch den sich auch ein kleiner Fluss schlängelt, lässt es sich wunderbar mit einem Kinderwagen spazieren gehen, und die Kinder können hopsen und rennen. Fahrrad fahren ist leider nicht im ganzen Park erlaubt.

Magnetischer Anziehungspunkt im Park ist das kleine Lustschloss Sanssouci. Sanssouci heißt »ohne Sorge«. Dies war das Lieblingsschloss Friedrich des Großen, des alten Fritz, der selbst an den Entwürfen mitgearbei-

> ■ **Anfahrt:** Bis Potsdam Hauptbahnhof mit der S7, von dort mit dem Bus 695 bis Schloss Sanssouci.
> ■ **Öffnungszeiten:** Der Park ist durchgehend geöffnet. Das Schloss Sanssouci öffnet von April bis Okt. Di–So 10–18 Uhr, von Nov. bis März Di–So 10–17 Uhr. Mo geschlossen (letzter Einlass 30 Min. vor Schließung).
> ■ **Preise:** Der Eintritt ins Schloss Sanssouci kostet von April bis Okt. 12,- €, ermäßigt 8,- € und von Nov. bis März 8,- €, ermäßigt 5,- €.
> ■ **Altersempfehlung:** Für die ganze Familie.
> ■ **Einkehr:** Für eine entspannte Einkehr ist das Krongut Bornstedt am Schloss Sanssouci wie geschaffen. Auf dem ehemaligen Gut der Hohenzollernfamilie warten ein rustikales »Brauhaus« mit gutbürgerlicher Küche, das gemütliche Café Victoria mit Eis, Kaffee- und Kuchengenuss und die königliche Hofbäckerei auf Gäste.
> ■ **Info:** Sanssouci, Schloss Sanssouci, Maulbeerallee, 14469 Potsdam, www.spsg.de. Besucherzentrum an der Historischen Windmühle, Info: An der Orangerie 1, 14469 Potsdam, Tel. 0331/969 42 00.

Park und Schloss Sanssouci

tet hat. Errichtet hat es dann der Architekt Georg Wenzeslaus von Knobelsdorff in den Jahren 1745–47. Das Sommerschloss liegt erhöht über angelegten Weinbergterrassen im 287 Hektar großen gleichnamigen Park Sanssouci direkt an der etwa zwei Kilometer langen Hauptachse, die vom Obelisken im Osten bis zum riesigen Neuen Palais mit seiner Kuppel im Westen durch den Park führt.

Friedrich der Große (1712–1786) war der Sohn von König Friedrich Wilhelm I., dem Soldatenkönig. Im Gegensatz zu seinem Vater war er an Kunst, besonders an Literatur und Musik, sehr interessiert. 1728 begann er heimlich mit dem Flötenunterricht und komponierte später auch eigene Stücke. Diese Entscheidung verschärfte die Konflikte mit seinem tyrannischen Vater, der aufs Militärische und Ökonomische fixiert war.

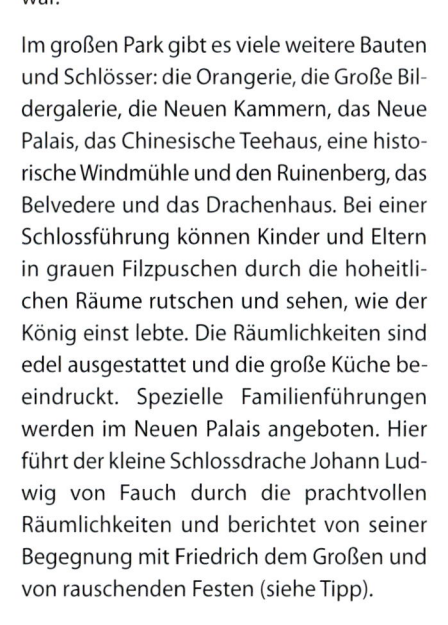

Schloss Sanssouci

Im großen Park gibt es viele weitere Bauten und Schlösser: die Orangerie, die Große Bildergalerie, die Neuen Kammern, das Neue Palais, das Chinesische Teehaus, eine historische Windmühle und den Ruinenberg, das Belvedere und das Drachenhaus. Bei einer Schlossführung können Kinder und Eltern in grauen Filzpuschen durch die hoheitlichen Räume rutschen und sehen, wie der König einst lebte. Die Räumlichkeiten sind edel ausgestattet und die große Küche beeindruckt. Spezielle Familienführungen werden im Neuen Palais angeboten. Hier führt der kleine Schlossdrache Johann Ludwig von Fauch durch die prachtvollen Räumlichkeiten und berichtet von seiner Begegnung mit Friedrich dem Großen und von rauschenden Festen (siehe Tipp).

Tipp
Die Stiftung Preußische Schlösser und Gärten lädt Familien und die jüngsten Besucher bei vielfältigen Veranstaltungen ein, die Welt der Könige und Königinnen spielerisch zu entdecken. So führt der Schlossdrache Johann Ludwig von Fauch Kinder im Alter von 6 bis 10 Jahren durch das Neue Palais in Sanssouci. Die Kammerzofe Sophie plaudert im Schloss Charlottenburg in Berlin aus dem Nähkästchen. Die Führungen kosten 8,- € bzw. ermäßigt 6,- €, Familienkarten 15,- €. Für Kinder gibt es zudem eine wunderschön gestaltete Kinder-Internetseite: www.schloessergaerten.de.

*Fantasievolles Spielen
und Entdecken im Labyrinth
Kindermuseum Berlin*

Abenteuer drinnen

Abenteuer drinnen

28 Das Berliner Gruselkabinett
Nichts für schwache Nerven

Ein super Gruselspaß erwartet alle, die sich in das Gruselkabinett hineinwagen. An diesem einzigartigen und skurrilen Ort des Schreckens blickt der Besucher Folterknechten, Skeletten und Zombies direkt in die Augen.

- **Anfahrt:** S-Bahn: S1, S2, S25 bis Anhalter Bahnhof. U-Bahn: U1 und U2 bis Gleisdreieck, U2 bis Mendelssohn-Bartholdy-Park, und U2 bis Potsdamer Platz. Bus: M29 bis Schöneberger Brücke und M41 bis Anhalter Bahnhof.
- **Öffnungszeiten:** Mo 10–15 Uhr (Feiertage: Mo 10–19 Uhr), Di, Do, Fr, So 10–19 Uhr, Sa 12–19 Uhr. Mi geschlossen.
- **Preise:** Erwachsene 8,50 €, Kinder bis 14 Jahre 5,50 €, Schüler 15–18 Jahre 6,50 €.
- **Altersempfehlung:** Für Kinder ab 11 Jahre.
- **Einkehr:** Am nahen Potsdamer Platz gibt es eine Vielzahl von Cafés und Restaurants.
- **Info:** Berliner Gruselkabinett, Im Luftschutzbunker, Anhalter Bahnhof, Schöneberger Straße 23A, 10963 Berlin, Tel. 030/265 555 46, www.gruselkabinett-berlin.de.

Zombies beim Kaffee trinken

Das Gruselkabinett befindet sich in einem ehemaligen Luftschutzbunker aus dem Zweiten Weltkrieg am Anhalter Bahnhof. Der Ort an sich ist schon Programm. Unheimlich, düster und muffig ist der Bunker wie geschaffen, um den Gestalten und Wesen der Geister- und Horrorwelt einen Unterschlupf zu bieten. In drei Ausstellungen über drei Stockwerke verteilt gibt es allerhand Erschreckendes und Geheimnisvolles zu sehen und zu hören.

Im Untergeschoss befindet sich eine recht harmlose Ausstellung zur Bunkergeschichte. Gezeigt werden Fundsachen aus dem Bunker,

Das Berliner Gruselkabinett

wie anonyme persönliche Gegenstände, Bombensplitter, Dokumente und Zeitzeugenberichte. Interessant ist hier auch der Keller selbst, der im Originalzustand erhalten ist. Ein Bunkerwanddurchbruch gibt den Blick auf die 2,13 Meter dicke Bunkerwand frei.

Doch bereits im Erdgeschoss stellen sich Ihnen und Ihren Kindern die Nackenhaare auf. Hier ist ein Figurenkabinett mit grausigen medizinhistorischen Darstellungen aus vergangenen Zeiten untergebracht. Beim Anblick einer mittelalterlichen Beinamputation oder einer Lendenoperation, bei der der Patient an den Füßen aufgehängt ist, läuft es auch hartgesottenen Gemütern eiskalt den Rücken herunter.

Das Obergeschoss ist das wahre Highlight des Kabinetts. Hier begibt sich der Besucher in dunkle Gänge und Räume, die mit speziellen Gruseleffekten und seltsamen Geräuschen aufwarten. Vorbei an einem unheimlichen Friedhof und durch ein Bunkerlabyrinth wagen sich die furchtlosen Besucher. Ganz unerwartet schießen Geister hinter Ecken hervor und klappern die Skelette schaurig schön mit ihren morschen Knochen. Damit dem Kabinett nicht der Nachwuchs ausgeht, werden hier eigens Geister und Gespenster ausgebildet und im Handwerk des Erschreckens geschult.

Das Gruselkabinett ist nicht für kleine Kinder geeignet und auch ältere Kinder sollten in Begleitung eines Erwachsenen oder am besten mit der Familie und Freunden hineingehen. Wie heißt es so schön? Geteiltes Leid ist halbes Leid. Sich zu zweit gruseln ist doch gleich viel schöner.

> **Tipp**
>
> **Geburtstagsparty im Gruselkabinett**
>
> Für Kinder ab 11 Jahre gibt es die Möglichkeit, im Kabinett Geburtstag zu feiern. Angeboten werden eine Schatzsuche für Geburtstagsgäste (pro Schatz 1,50 €) oder eine kleine Schnitzeljagd für das Geburtstagskind mit einer gruseligen Überraschung (5,- €).

Begegnungen im Gruselkabinett

Abenteuer drinnen

29 Eine spannende U-Bahn-Tunnelwanderung

Spazieren gehen, wo sonst U-Bahnen fahren

In anderen Städten besichtigen Sie vielleicht die Katakomben, in Berlin können Sie durch das Tunnelsystem der U-Bahn wandern und original Berliner Untergrundluft schnuppern. Ein Erlebnis der besonderen Art.

■ **Anfahrt:** Mit der U-Bahn U2 bis Deutsche Oper. Die Tunnelwanderung beginnt auf dem Bahnsteig der U2 in Richtung Pankow.
■ **Öffnungszeiten:** Termine der Touren bei der BVG erfragen.
■ **Preise:** Erwachsene 12,- €, Familienticket 1 (1 Erw. mit 2 Kindern von 10–14 Jahren) 15,- €, Familienticket 2 (2 Erw. mit 2 Kindern von 10–14 Jahren) 25,- €.
■ **Altersempfehlung:** Für Kinder und Jugendliche ab 10 Jahre in Begleitung eines Erwachsenen.
■ **Einkehr:** Ratskeller in den historischen Ratskellergewölben im Rathaus Charlottenburg.
■ **Info:** www.bvg.de.

Jedes Kind ist schon mal mit der U-Bahn gefahren, viele fahren sogar täglich, doch im U-Bahn-Tunnel waren sie garantiert noch nie. Vielleicht wollten die Kleinen aber auch schon öfter wissen, wie es im Tunnel aussieht? Doch die unterirdische Welt des U-Bahn-Tunnelsystems haben Sie auch noch nie betreten. Hierzu bietet die BVG jetzt die Möglichkeit, und die wohl ungewöhnlichste Stadtbesichtigung ist bereits ein Hit und immer schnell ausgebucht.

Auf der geführten Tunnelwanderung werden Sie gemeinsam mit Ihren Kindern in einer Gruppe von maximal 45 Personen durch die Berliner Unterwelten geführt und entdecken Berlin von unten. Gestartet wird am U-Bahnhof Deutsche Oper (U2), hier betreten die Führungsteilnehmer die düstere Tunnelanlage am Bahnsteig in Richtung Pankow. Blaue Lampen zeigen die Richtung zu den Notausgängen an. Der Weg der Tunnelwanderung führt über ein altes Überführungsgleis zum Bahnhof Richard-Wagner-Platz (U7) und ist gefahrlos möglich, da hier keine Züge mehr fahren. Bis 1970 pendelte hier die Westberliner Linie U5 zwischen Deutsche Oper und Richard-Wagner-Platz. Diese kurze

Eine spannende U-Bahn-Tunnelwanderung

Linie wurde durch den Bau der heutigen U-Bahn-Linie U7 überflüssig. Die Wanderung dauert etwa 1,5 Stunden.

Auf der Tour zwischen den Bahnhöfen erkunden die Teilnehmer das Tunnelsystem und können dabei tief die typische Berliner U-Bahn-Luft einatmen. Das Mitarbeiterteam der BVG zeigt den Führungsteilnehmern versteckte Ecken und Nischen, erklärt die Stromversorgung und führt anschaulich die Gleisanlagen vor. Die Anwesenden erleben live, wie Weichen gestellt werden, bekommen einen Entgleisungsschuh und eine Signalanlage vorgeführt und die Notausgänge gezeigt. Dies alles ist besonders für Kinder interessant. Auch alle Fragen werden kompetent beantwortet. Während der Wanderung hört man immer wieder auf benachbarten Gleisen vorbeifahrende Züge. Am U-Bahnhof Richard-Wagner-Platz können alle Teilnehmer tief in einen Schacht der U7 hinunterblicken.

Eine Alternative zur Tunnelwanderung ist die BVG-Cabrio-Tunnelfahrt. In offenen U-Bahn-Waggons sitzend fahren die Fahrgäste mit etwa 35 km/h zwei Stunden lang durch das unterirdische Tunnelsystem. Diese Fahrten finden nur bei Nacht statt, um den regulären U-Bahn-Verkehr nicht zu stören.

Tipp
Für beide Angebote empfiehlt sich eine frühzeitige Anmeldung, da die Touren immer sehr schnell ausgebucht sind. Für die Tunnelwanderung muss festes, den Fuß umschließendes Schuhwerk getragen werden. Expeditionen in die Unterwelten der Hauptstadt bietet auch der Verein Berliner Unterwelten e. V. an. Regelmäßige Führungen durch Tunnel, Bunker und Zivilschutzanlagen der Stadt für Erwachsene und Kinder ab ca. 14 Jahren. Ticketverkauf: Pavillon am U-Bahnhof Gesundbrunnen, Brunnenstraße 105, 13355 Berlin, Tel. 030/499 105 17.

Gleisanlagen

Abenteuer drinnen

30 Die KochSpatzen

Die Geschmacksschule für Kinder in Prenzlauer Berg

Kochen Ihre Kinder gern und wollen zu Hause immer in der Küche mithelfen? Dann sind die KochSpatzen für Sie die richtige Adresse. Die erste Kochschule nur für Kinder und ihre Familien.

- **Anfahrt:** Mit der Tram M2 bis Prenzlauer Allee/Metzer Straße oder mit der Tram M4 bis Am Friedrichhain.
- **Öffnungszeiten:** Einzelkurse für Kinder Do und Fr um 16.15 Uhr, am Sa um 11 Uhr. Dauer des Kochkurses 2–3 Std.
- **Preise:** Teilnahmegebühr für Standardkurse 18,- € pro Teilnehmer.
- **Altersempfehlung:** Ab 5 Jahre.
- **Einkehr:** Kinder und Familien kochen selbst.
- **Info:** KochSpatzen: die Geschmacksschule für Kinder, Heinrich-Roller-Str. 23, 10405 Berlin, Tel. 030/325 970 20, www.kochspatzen.de.

Pasta selber machen

Bei den KochSpatzen kochen die Kinder selbst. Nach dem Motto »Gemeinsam Kochen macht Spaß« stürzen sich die Kinder in die Arbeit. Doch bevor mit der Zubereitung der Speisen begonnen wird, heißt es für alle erst einmal gründlich Hände waschen und ein extra Koch-T-Shirt überstreifen, damit weder Mehl noch Tomatensoße auf der Kleidung landen. Die Kinder machen sich miteinander bekannt, und nach einer kurzen Besprechung der Produkte und der Küchentechniken wird losgelegt. Unter fachkundiger Anleitung beginnen die kleinen Köche und Köchinnen an einem großen Tisch in der geräumigen Küche mit der Zubereitung. Ob Salat waschen und schneiden, Kartoffeln schälen, Teig kneten oder die Suppe umrühren, bei allen Tätigkeiten machen die Kinder mit. Im Anschluss an das Kochen werden die gekochten Gerichte gemeinsam in lustiger Runde ver-

Die KochSpatzen

putzt. Mineralwasser, Früchtetees und Säfte stehen während des Kochkurses und des Essens zu Verfügung.

Die Kochschule bietet Kurse für Kinder und in den Ferien auch für Familien an. Hier wird dann gemeinsam mit Mama und Papa, Oma und Opa und den Geschwistern gekocht und gegessen. Alle Rezepte, die hier gekocht werden, sind lecker und einfach. Die Kinder bekommen nach der Feier die ausprobierten Rezepte mit nach Hause. Die verwendeten Zutaten sind von bester Bioqualität und die Auswahl der Gerichte variiert und richtet sich nach den jahreszeitlichen Gegebenheiten. So backen die Kinder in der Vorweihnachtszeit Plätzchen, zaubern leckere Obstgerichte an heißen Sommertagen und kochen im Herbst Kürbissuppe.

> **Tipp**
> In der benachbarten Kerzenwerkstatt »Feuer & Flamme« ziehen Sie »kinderleicht« mit Ihren Kleinen eigene Kerzen. Zwölf Farben stehen zur Auswahl. Während der Öffnungszeiten können Sie ohne Anmeldung einfach vorbeischauen.
> Chodowieckistraße 2, 10405 Berlin, Tel. 030/440 419 73. Geöffnet Mo bis Fr 10–19 Uhr und Sa 10–14 Uhr.
> www.feuer-flamme-berlin.de

Dass Essen und Kochen sinnliche Erfahrungen und Genüsse sind, wird hier schon den Kleinen auf eine kreative und spielerische Art vermittelt. So kann Kochen zum Familienerlebnis werden. Der unglaubliche Andrang in der Kochschule bestätigt dies.

Der Besuch in der Kochschule ist auch eine prima Idee für einen Kindergeburtstag. Statt »Blinde Kuh« oder »Der Plumpsack geht um« zu spielen, wird hier geschnipselt, gerührt, gekocht oder gebacken, und zwar von den kleinen Spatzen selbst, die danach einen Bärenhunger haben. Geburtstagskochkurse finden für Kinder ab 5 Jahre und einer Gruppengröße von maximal 10 Kindern statt.

Brot backen

Abenteuer drinnen

31 Miniatur Welten Berlin – LOXX am Alex

Berlin aus der Vogelperspektive

Wenn Modelleisenbahnen fahren, leuchten nicht nur Kinderaugen. Noch relativ neu sind die Miniatur Welten am Alexanderplatz, eine der größten Modelleisenbahnanlagen der Welt und schon jetzt ein Publikumsmagnet.

- **Anfahrt:** S-Bahn: S3, S5, S7, S75 bis Bahnhof Alexanderplatz. U-Bahn: U2, U5, U8 bis Bahnhof Alexanderplatz. Bus: 100, 200, 248, M48, TXL bis Alexanderplatz. Tram: M2, M4, M5, M6 bis Alexanderplatz.
- **Öffnungszeiten:** Mo bis So 10–20 Uhr (letzter Einlass 19 Uhr).
- **Preise:** Erwachsene 12,- €, Kinder (bis 1 Meter Körpergröße) frei, Kinder (ab 1 Meter Körpergröße bis 14 Jahre) 7,- €, Familienkarte (2 Erw. mit bis zur 3 Kindern unter 15 Jahren) 30,- €.
- **Altersempfehlung:** Ab ca. 4 Jahre.
- **Einkehr:** Im ALEXA finden sich zahlreiche Imbisse und Restaurants.
- **Info:** LOXX am Alex (im ALEXA am Alexanderplatz, 3. OG), Grunerstraße 20, 10179 Berlin, Tel. 030/447 230 22, www.loxx-berlin.de.

Miniaturwelt Berlin bei Nacht

ICEs, Regionalzüge, historische Dampflokomotiven, S-Bahnen und Straßenbahnen fahren, sausen und rattern auf mehr als vier Kilometer verlegten Schienen ihre Runden durch die winzige Stadtlandschaft. In der Stadt ist was los. Ampeln schalten von Grün auf Rot und Autos halten an und fahren wieder los. Alles wie in Echt, nur eben viel, viel kleiner. Hier kommt bestimmt keine Langeweile auf und technikbegeisterte Eltern und ihre kleinen Eisenbahnfans werden ihren Spaß haben.

Die Modelleisenbahnausstellung Miniatur Welten Berlin zeigt die Hauptstadt im Kleinformat. Eine ganze Stadt wie eine Puppenstube auf

Miniatur Welten Berlin – LOXX am Alex

über 3000 Quadratmetern Fläche ist so aufgebaut, dass Kinder und Erwachsene von nahezu jeder Position aus eine gute Sicht über die Anlage haben. Vor dem Blick des Betrachters öffnet sich eine detailverliebte Stadtlandschaft mit originalgetreuen Nachbildungen vom Alexanderplatz mit Fernsehturm, dem Roten Rathaus, von Abschnitten der Berliner Stadtbahn, z. B. den Bahnhöfen Zoologischer Garten, Hackescher Markt, Alexanderplatz, Ostbahnhof und Ostkreuz, und Teilen des Berliner Zoos. Alle 20 Minuten senkt sich die Nacht über das Häusermeer Berlins, die Straßen, Parks und Plätze und Tausende kleine Lämpchen und Laternen leuchten auf. Auch das Wetter wird stündlich mit Gewitter- und Regengeräuschen simuliert, um der Miniaturwelt mehr Natürlichkeit zu verleihen.

> **Tipp**
> Unweit vom Alex, mitten im Herzen von Berlin, befindet sich die Bunte Schokowelt von Ritter Sport. In der Schokowerkstatt können Kinder und Jugendliche ihre eigene Sorte Ritter Sport kreieren, von der Auswahl der Zutaten bis hin zur Verpackung.
> Info: Französische Straße 24, 10117 Berlin,
> Tel. 030/200 95 08-0,
> www.ritter-sport.de/berlin.

Neu hinzugekommen ist das Regierungsviertel mit Reichstag, Brandenburger Tor und weiteren Regierungsgebäuden. Zurzeit wird am neuesten Bauabschnitt, dem Potsdamer Platz, gearbeitet. Zudem sind Gebäude und viele abwechslungsreiche Alltagsszenen zu sehen, die nicht in Berlin zu finden sind. Lebendige Fantasielandschaften, wie ein Hafen, ein Personenbahnhof mit Güterverkehr, ein Steinbruch und ein großer Flughafen mit originaler Geräuschkulisse, auf dem tatsächlich Flugzeuge starten und landen.

Bei einer Führung hinter die Kulissen können alle Interessierten erfahren, wie der computergesteuerte Autoverkehr, die Ampelanlagen und die stündliche Simulation des Wetters funktionieren, und zuschauen, wie Autos, Flugzeuge oder Gebäude entstehen. Für Kinder ist es sicherlich spannend und faszinierend zugleich zu sehen, wie diese kleine, so real wirkende Welt ihr Erscheinungsbild erhält.

Züge auf der Stadtbahn

Abenteuer drinnen

32 The Story of Berlin

Die Erlebnisausstellung zur Geschichte Berlins

Ein spannender Streifzug durch 800 Jahre Stadtgeschichte, anschaulich und lebendig präsentiert. Kinder begeben sich begeistert auf die Suche nach dem »Kleinen Bären« und erkunden selbstständig, mit Eltern oder Freunden die Ausstellung.

- **Anfahrt:** S-Bahn: S3, S5, S7, S8, S9 und S75 bis Savignyplatz oder Zoologischer Garten. U-Bahn: U1 bis Uhlandstraße, U9 bis Kurfürstendamm oder U2 bis Zoologischer Garten. Bus: X9, X10, 109, 110, M19 und M29 bis Uhlandstraße.
- **Öffnungszeiten:** Täglich von 10–20 Uhr (letzter Einlass 18 Uhr).
- **Preise:** Erwachsene 10,- €, ermäßigt 8,- €, Kinder (6–13 Jahre) 5,- €, Familienkarte 23,- €.
- **Altersempfehlung:** Ab 6 Jahre.
- **Einkehr:** Am Kurfürstendamm und in den nahen Seitenstraßen findet sich eine Vielzahl von Gaststätten und Restaurants.
- **Info:** The Story of Berlin, Im Ku'damm Karree, Kurfürstendamm 207–208, 10719 Berlin, Tel. 030/887 20 100, www.story-of-berlin.de.

Die 1999 eröffnete Dauerausstellung »The Story of Berlin« liegt direkt am Kudamm und zeigt in 23 begehbaren Ausstellungsräumen Berliner Geschichte von der Stadtgründung 1237 bis zum Fall der Mauer 1989, wobei der Schwerpunkt auf der Geschichte des 20. Jahrhunderts liegt. Preußen, Industrialisierung, 1920er-Jahre, Drittes Reich, deutsche Teilung sowie Mauerfall und Wiedervereinigung sind historische Epochen und Zeiträume, die in der Ausstellung auf-

Besuch in »The Story of Berlin«

The Story of Berlin

gegriffen werden und anhand derer die Geschichte der Stadt Berlin und ihrer Bewohner erzählt wird.

Mit Betreten der Ausstellung begibt sich der Besucher auf eine Zeitreise. Über einen Zeittunnel betritt er die Erlebnisräume der Ausstellung. Einige Räume sind als begehbare Kulissen gestaltet und als eine sinnlich erfahrbare Erlebniswelt inszeniert. Die Besucher treffen Friedrich II., spazieren durch Toreinfahrten und Berliner Hinterhöfe, erleben die Goldenen 1920er-Jahre und die pulsierende Großstadt Berlin. Danach führt der Rundgang vorbei an Ruinen und Trümmern und entlang der Berliner Mauer.

Multimediale Ausstellungstechnik, Gerüche, Toneinspielungen wie Sirenengeheul oder Tanzmusik, interaktive Touchscreens, Monitore, Projektionen, Fotos, prägnante Texte auf Tafeln, Wänden und Boden, Originalexponate wie Möbel, Oldtimer oder Mauerstücke und ein Kinosaal mit Stummfilmen lassen Geschichte zum erfahrbaren Erlebnis für die Besucher werden. Die Ausstellung gibt einen authentischen Einblick in das Leben der Berliner in verschiedenen Epochen. Zum Besuch der Ausstellung gehört auch die Besichtigung des 1974 fertiggestellten originalen Atomschutzbunkers aus den Zeiten des Kalten Krieges.

Spaß im Museum

Für Familien mit Kindern ist der Rundgang durch die Räume vor allem unterhaltsam. Es gibt viel zu sehen, und die Ausstellungswelt hinterlässt starke visuelle Eindrücke. Das Suchspiel »Der kleine Bär und seine Freunde« trägt zusätzlich zur Unterhaltung der Kinder bei. Gemeinsam mit ihrem Nachwuchs können Sie sich auf die Suche nach dem kleinen Bären begeben, der sich in den einzelnen Räumen der Ausstellung versteckt hat. Ein Besuch der »Story of Berlin« ist vielleicht viel spannender als der Geschichtsunterricht in der Schule.

Tipp

Berühmte Persönlichkeiten gibt es auch bei Madame Tussauds Berlin zu sehen, die Wachsfiguren sind faszinierend. Info: Unter den Linden 74, 10117 Berlin, Tel. 0180/554 58 00, www.madametussauds.com. Eintritt: Erwachsene 19,90 €, Kinder 14,90 €.

Abenteuer drinnen

33 Der Aqua Dom im Sea Life Center in Berlin

Das größte freistehende Aquarium der Welt

Ein außergewöhnliches Erlebnis erwartet die Besucher bei ihrer Fahrt im gläsernen Fahrstuhl durch den Aqua Dom. Kinder und Eltern können unmittelbar eintauchen in eine exotische Wasserwelt der Tropen.

Der atemberaubende Aqua Dom, das 25 Meter hohe und mit fast einer Million Liter Meereswasser gefüllte zylindrische Aquarium, steht im Mittelpunkt des 2003 eröffneten Sea Life Centers in Berlin: eine riesige Aquarienlandschaft im Hotel Dom-Aquarée am Alexanderplatz.

In etwa 40 Becken verschiedenster Formen und Größen sind über 50 Fischarten und andere Meeresbewohner aus Gewässern, Meeren und allen Regionen zu bewundern: filigrane Seepferdchen, Rochen, Seewölfe, Muränen, schwebende Quallen, riesige Oktopusse und bis zu zwei Meter lange Haie.

Der Rundgang beginnt anschaulich an den heimischen Quellen der Spree. Anschließend durchläuft der Besucher verschiedene Lebensräume wie

---

■ **Anfahrt:** S-Bahn: S3, S5, S7 oder S75 bis Alexanderplatz oder Hackescher Markt. U-Bahn: U2, U5 oder U8 bis Alexanderplatz. Bus: 100, M48, 200, 248, TXL bis Spandauer Str./Marienkirche. Tram: M4, M5, M6 bis Spandauer Str./Marienkirche.
■ **Öffnungszeiten:** Täglich 10–19 Uhr. Kassenschluss ist immer 1 Std. vor Ende der Öffnungszeiten.
■ **Preise:** Kinder 3–14 Jahre 11,95 € (ermäßigt 6,95 €), Erwachsene 15–59 Jahre 16,95 € (ermäßigt 11,95 €), Schüler ab 15 Jahre, Studenten, Senioren ab 60 Jahre 15,95 €.
■ **Altersempfehlung:** Ab 3 Jahre.
■ **Einkehr:** Rund um den Hackeschen Markt gibt es viele schöne Einkehrmöglichkeiten.
■ **Info:** Aqua Dom & Sea Life Berlin, Spandauer Str. 3, 10178 Berlin, www.visitsealife.com/Berlin.

Der Aqua Dom im Sea Life Center in Berlin

Eintauchen in die Unterwasserwelt

Wannsee, Havel, Elbe und Nordsee als Stationen auf dem Weg in die Tiefen des Atlantiks. Die Konzeption ist dem natürlichen Lauf des Wassers nachempfunden und in jedem Becken finden sich die typischen Bewohner des Gewässers. Das Atlantik-Tiefseebecken unterqueren die Besucher durch einen sechs Meter langen Tunnel. Die Kinder befinden sich mitten in einer faszinierenden Unterwasserwelt, Auge in Auge mit den Meeresbewohnern.

Ein besonderer Moment für kleine Besucher ist sicherlich das Berührungsbecken. Hier können interessierte und wagemutige Kinder Krabben, Muscheln oder einen Seestern in die Hand nehmen und gleichzeitig viel Wissenswertes von Mitarbeitern erklärt bekommen. In der Kinderstube sind u. a. Hai- und Rocheneier zu sehen und im danebenliegenden Aufzuchtbecken üben die Fischbabys eifrig schwimmen. An etwas größere Kinder und auch deren Eltern richtet sich der Bereich Umweltschutz. Hier wird die fragile Situation der Meere und ihrer Bewohner veranschaulicht.

Tipp
Mo bis Sa um 14 Uhr Fütterung im Aqua Dom. Mo bis Sa von 11–13 Uhr Reinigung des Aquariums. Eintrittskarten können auch online erworben werden. Dies erspart Familien das Warten in der Schlange am Eingang und häufig ein paar Euro Eintritt.

Ein weiterer Höhepunkt für die kleinen und größeren Gäste ist die Fütterung der Fische und die Reinigung des großen Aqua Dom Aquariums. Täglich werden acht Kilogramm Futter ausgegeben und die Taucher können live bei der Reinigung beobachtet werden. Ein spannender Quizpfad führt die Kinder durch das Aquarium und sorgt für Spaß und Unterhaltung.

Abenteuer drinnen

34 Das Zoo-Aquarium Berlin
Alligatoren, Haie und Riesenschlangen

Über 11.000 Tiere in 900 Arten aus aller Welt sind im Aquarium des Berliner Zoos versammelt und in großen Erlebnisaquarien zu bestaunen. Das bedeutendste Schauaquarium Deutschlands beherbergt farbenfrohe Meeresbewohner, Insekten und Reptilien.

Aquariumsbewohner

Ein Besuch im Aquarium ist ein großartiger und tagesfüllender Ausflug. Schon in der Eingangshalle können Kinder ersten Kontakt zu den Tieren aufnehmen. In einem Becken schwimmen orangerote und weiße Kois. Die Kinder können die Hände ins Wasser halten und sich von den Fischen berühren lassen. Auf drei Etagen sind die Tiere in einer möglichst naturnahen Umgebung zu sehen. Aufwendig gestaltete Landschaftsbecken zeigen Gewässer mit jeweils typischen Uferzonen und Unterwasserwelten mit Algen, Felsen, Korallen und tropischen Wasserpflanzen.

- **Anfahrt:** S-Bahn: S3, S5, S7, S75 bis Bahnhof Zoologischer Garten. U-Bahn: U1, U2 und U3 bis U-Bahnhof Wittenbergplatz oder U2 und U9 bis Bahnhof Zoologischer Garten. Bus: X9, 109, M49, X10, X34, 110, M45, 245, 100, 200, M46, 204, 249 bis Bahnhof Zoologischer Garten.
- **Öffnungszeiten:** Ganzjährig von 9–18 Uhr geöffnet.
- **Preise:** Aquarium: Erwachsene 13,- €, Kinder (5–15 Jahre) 6,50 €, Schüler (ab 16 Jahre) 10,- €, Kleines Familienticket (1 Erw. mit Kindern bis 15 Jahre) 22,- €, Standard Familienticket (2 Erw. mit Kindern bis 15 Jahre) 35,- €. Aquarium und Zoo: Erwachsene 20,- €, Kinder (5–15 Jahre) 10,- €, Schüler (ab 16 Jahre) 15,- €, Kleines Familienticket (1 Erw. mit Kindern bis 15 Jahre) 33,- €, Standard Familienticket (2 Erw. mit Kindern bis 15 Jahre) 50,- €.
- **Altersempfehlung:** Schon für kleine Kinder ein schöner Ausflug.
- **Einkehr:** Die Cafeteria im 1. OG bietet viele leckere Kleinigkeiten an.
- **Info:** Budapester Straße 32, 10787 Berlin, Tel. 030/254 010, www.aquarium-berlin.de.

Das Zoo-Aquarium Berlin

Im Erdgeschoss befinden sich die Meer- und Süßwasserabteilungen. In 86 Schauaquarien und fünf großen Landschaftsaquarien schwimmen zahlreiche Fischarten in all ihrer Farbenpracht. Haie, Rochen, mächtige Welse, in ihren Höhlen verborgene Muränen, Zitteraale, Kraken, Anemonenfische und Seepferdchen gleiten und treiben im Wasser. Faszinierend schön schweben zarte Quallen im Zylinderaquarium des Erdgeschosses. Die Schwarzspitz-Riffhaie sind ein Highlight und eine Seltenheit. Im 1500 Liter fassenden Riffbecken ziehen sie majestätisch ihre Runden.

Doch zeigt das Aquarium nicht nur Fische, sondern auch Amphibien, Insekten und Reptilien. Die größte Attraktion des Hauses ist wohl die Krokodilhalle in der Mitte des ersten Obergeschosses. In schwül-warmer Luft leben hier Krokodile und Alligatoren. Über eine Brücke spaziert der Besucher sicher über sie hinweg und kann von oben einen Blick auf die Tiere werfen. Um die Halle herum stehen diverse Terrarien mit Echsen, Schildkröten und Schlangen. Ein spezielles Großterrarium ist den neuseeländischen Brückenechsen vorbehalten, einer Tierart, die die Saurier überlebt hat und schon vor 200 Millionen Jahren auf der Erde zu Hause war. In weiteren Terrarien sind riesige Anakondas, Leguane und seltene Komodowarane zu sehen.

In der Amphibienabteilung ist vielstimmiges Quaken zu vernehmen. Kleine und große Frösche, Kröten und Salamander sind hier beheimatet. Im Insektarium findet man giftige Skorpione, Spinnen und andere Krabbeltierchen. Von der Blattschneiderameise über Gottesanbeterinnen bis hin zu riesigen haarigen Vogelspinnen ist alles dabei. Zirpende Grillen liefern die musikalische Untermalung bei einem Rundgang durch die Abteilung.

> **Tipp**
> Im Winterhalbjahr bietet das Aquarium Kindernachtführungen im Taschenlampenschein an. Viele Tiere werden erst in der Dunkelheit richtig wach und die nächtliche Unterwasserwelt hinterlässt bleibende Eindrücke von geheimnisvoll schimmernden Fischen. Die Entdeckungstouren finden von Okt. bis März jeweils an einem Freitag pro Monat um 18.15 Uhr statt und dauern ca. 1,5 Std. Eintritt: Erwachsene 20,- €, Kinder 14,- € im Vorverkauf.
> Kinder können auch das ganze Jahr über ihren Geburtstag im Aquarium feiern.

Kleine Ameise ganz groß!

Abenteuer drinnen

35 Die Archenhold-Sternwarte

Den Blick in die unendliche Weite des Weltalls richten

Umgeben von großen alten Bäumen liegt die 1896 von Friedrich Simon Archenhold gegründete Sternwarte im Treptower Park. Die »Himmelskanone«, das längste bewegliche Linsenfernrohr der Erde mit einer Brennweite von 21 Metern, ragt über dem Dach empor.

- **Anfahrt:** S-Bahn: S8, S9 bis Plänterwald oder S41 und S42 bis Treptower Park. Bus: 166, 167 und 265 bis Alt-Treptow.
- **Öffnungszeiten:** Mi bis So 14–16.30 Uhr.
- **Preise:** Museum: 2,50 €, ermäßigt 2,- €. Führungen und Vorträge: 4,- €, ermäßigt 3,- €. Beobachtungsveranstaltungen: 5,- €, ermäßigt 4,- €. Familienkarte 10,- €.
- **Altersempfehlung:** Ab 5 Jahre.
- **Einkehr:** Das Ausflugslokal Café Zenner/Eierschale am See gleich gegenüber der Sternwarte.
- **Info:** Archenhold-Sternwarte, Alt-Treptow 1, 12435 Berlin, Tel. 030/536 063 719 (Mo bis Fr 8–15 Uhr), www.sdtb.de.

Meteorit aus Arizona

Die Archenhold-Sternwarte ist die älteste und größte Volkssternwarte Deutschlands und das beeindruckende Riesenfernrohr, der Große Refraktor, wurde 1896 im Rahmen der Gewerbeausstellung in Berlin errichtet. Es hat den Zweiten Weltkrieg fast unbeschadet überstanden und kann noch heute, dank umfangreicher Instandhaltungsmaßnahmen, als aktives Technikdenkmal genutzt werden. Während der Beobachtungssaison im Winter darf man einmal im Monat durch das Riesenfernrohr gucken. Beobachtet wird immer ein gerade gut sichtbares Objekt. Weitere Vorführungen des Großen Refraktors finden während der öffentlichen Führung »Das Treptower Riesenfernrohr« am Sonntagnachmittag statt.

Die Archenhold-Sternwarte

Zur Sternwarte gehören Museumsräume, ein Vortragssaal, in dem Albert Einstein am 2. Juli 1915 seinen ersten öffentlichen Vortrag über die Allgemeine Relativitätstheorie gehalten hat, und ein Zeiss-Kleinplanetarium mit 38 Sesseln und einer acht Meter hohen Kuppel. Auf diese kann für Besucher der komplette nördliche oder südliche Sternenhimmel projiziert werden. Zusätzlich stehen für Beobachtungsabende moderne Teleskope zur Verfügung. Im großen Garten der Sternwarte stehen ein Spiegelteleskop und das Sonnenphysikalische Kabinett. In den Sommermonaten gibt es regelmäßige Sonnenbeobachtungen. Dabei wird das Licht mit Spiegeln eingefangen und auf eine Leinwand projiziert. Unter Einsatz von vier 60°-Prismen kann das Sonnenlicht dann in seine Spektralfarben zerlegt werden.

Das Himmelskundliche Museum zeigt eine ständige Ausstellung zur geschichtlichen Entwicklung der Astronomie, zur astronomischen Beobachtung und Forschung, zum Sonnensystem und zum Weltall sowie große Originalinstrumente und wechselnde Sonderausstellungen. Highlights der Ausstellungen sind ein 2835 Kilogramm schwerer Meteorit aus dem Arizona-Meteoriten-Krater und ein rekonstruierter astronomischer Beobachtungsraum des 19. Jahrhunderts.

Tipp
Es werden spezielle Kinderveranstaltungen angeboten. »Als der Mond zum Schneider kam« ist eine Mondkunde für Kinder im Alter von 7 bis 10 Jahren. Die Veranstaltung »Besuch im Sternenhaus« erklärt Kindern ab 5 Jahren, was eine Sternwarte ist und wie ein Fernrohr funktioniert. Jedes Kind darf einmal durch das Fernrohr schauen. Das Märchen »Die Rettung der Sternenfee« wird im Planetarium dargeboten. Infos Mo bis Fr 8–15 Uhr unter Tel. 030/536 063 719.

Ein Familienbesuch in der Sternwarte ist interessant und spannend. Eltern und Kinder können im Museum viel erfahren und sich gemeinsam bei einer Führung oder einer Kinderveranstaltung von der Faszination der Astronomie und den Wundern des Weltalls verzaubern lassen.

Vorführung im Kleinplanetarium

Abenteuer drinnen

36 Das Zeiss-Großplanetarium

Geschichten von Sonne, Mond und Sternen

Weißt du, wie viel Sternlein stehen an dem großen Himmelszelt …? Im Zeiss-Großplanetarium sind es mehr als 9000 Sterne, die am künstlichen Sternenhimmel leuchten und Kinder wie Erwachsene zum Träumen einladen.

- **Anfahrt:** Das Planetarium liegt an der Prenzlauer Allee, schräg gegenüber vom S-Bahnhof. S-Bahn: S41, S42, S8 und S85 bis Bahnhof Prenzlauer Allee. Tram: M2 bis Fröbelstraße.
- **Öffnungszeiten:** Di bis Fr 9–12 Uhr und Fr 18–21.30 Uhr, Sa 14.30–21 Uhr, So 13.30–17 Uhr, Mo geschlossen.
- **Preise:** Planetariumsvorführung: Erwachsene 5,- €, Kinder 4,- €. Themenabend: Erwachsene 7,- €, Kinder 5,- €. Familienkarte: 15,- €.
- **Altersempfehlung:** Für Kinder ab 5 Jahre und für Erwachsene.
- **Einkehr:** Im Café im Foyer des Planetariums oder nach der Veranstaltung in eines der netten Cafés in den umliegenden Straßen einkehren.
- **Info:** Prenzlauer Allee 80, 10405 Berlin, Tel. 030/421 845-0, www.sdtb.de.

Unterm Sternenhimmel sitzen und staunen

Mit Kindern diese ferne und geheimnisvolle Welt der Sterne zu entdecken ist ein schönes gemeinsames Erlebnis. Dazu ist ein Besuch im Planetarium hervorragend geeignet, da der künstliche Sternenhimmel bei jeder Witterung erläutert und gezeigt werden kann und keine Wolke oder das Licht der Großstadt die Sicht auf die Sterne behindert.

Tritt man aus dem S-Bahnhof Prenzlauer Allee, sieht man sofort die riesige silberne Halbkugel des Planetariums auf der gegenüberliegenden Straßenseite. Die Kuppel wird nachts blau an-

Das Zeiss-Großplanetarium

gestrahlt. Das größte Planetarium Deutschlands besitzt eines der modernsten Sternentheater Europas. Auf dem Gelände eines ehemaligen Berliner Gaswerks wurde das Planetarium 1987 in Ergänzung zur Archenhold-Sternwarte eröffnet. Im 23 Meter großen Kuppelsaal werden Ausschnitte aus dem aktuellen Himmelszelt mit über 9000 Sternen simuliert, historische Himmelsphänomene nachgestellt oder die Wanderung der Planeten erklärt. Für die brillante Darstellung dieser astronomischen Erscheinungen sorgt der in der Mitte des Planetariumssaals stehende Projektor Cosmorama von Carl Zeiss. Der auch liebevoll »Knochen« genannte Projektor ist computergesteuert und im Keller versenkbar. Zudem gibt es über 100 Diaprojektoren, eine Showlaseranlage sowie Ton- und Videoprojektionstechnik. Fast jedes Kind weiß, dass es sich etwas wünschen darf, wenn es eine Sternschnuppe vom dunklen Himmel herabfallen sieht. Aber was ist eine Sternschnuppe und wo kommt sie her? Auf diese und viele weitere Fragen, die Ihnen Ihre Kinder beim Anblick des nächtlichen Firmaments bestimmt schon mal gestellt haben, finden Sie hier Antworten.

Verschiedene altersgerechte Kinderveranstaltungen, die auch für die ganze Familie interessante Unterhaltung versprechen, erklären den Himmel mit seinen astronomischen Erscheinungen wie Sonne, Mond und Sternen und berichten von Kometen, Planeten und geheimnisvollen Sonnenfinsternissen. Die Kinder werden durch die fantastischen Darstellungen des Weltalls an der Planetariumskuppel über ihren Köpfen verzaubert. Mit den spannenden Streifzügen durch die Welt der Astronomie wird bei den Kleinen die Faszination für die Schönheiten des Universums geweckt. Nach einem Besuch im Planetarium werden die kleinen Sterngucker das nächtliche Firmament mit anderen Augen betrachten.

Tipp
»Der kleine Sternentraum« ist ein Programm für Kinder ab 5 Jahre und erzählt von der abenteuerlichen Reise des kleinen Moritz mit zwei unternehmungslustigen Sternschnuppen durch unser Sonnensystem. »Sterne, Nebel, Feuerräder« für Kinder von 8 bis 12 Jahren gibt Antworten auf viele Fragen, die sich beim Anblick des Sternenhimmels stellen. »Im Jahreskreis der Sonne« ist ein Programm für Kinder ab 6 Jahren.

Abenteuer drinnen

37 Museum für Naturkunde Berlin

Das größte aufgestellte Dinosaurierskelett der Welt

Ganze 150 Millionen Jahre alt, 23 Meter lang und 13,27 Meter hoch blickt er aus luftiger Höhe auf die kleinen staunenden Museumsbesucher herab. Er heißt Oskar, ist gigantisch groß und der Star des Museums.

Betritt der Besucher den großen historischen Lichthof, steht er direkt dem Skelett des berühmten Brachiosaurus brancai gegenüber. Doch der große Lichthof beherbergt nicht nur unseren Freund, den Dino Oskar. Oskar teilt sich den Saal mit sechs weiteren Sauriern und anderen Tieren des Landes, der Lüfte und des Wasser, die zeitgleich in der Jura-Zeit gelebt haben. Außerdem ist das berühmte Berliner Exemplar des Urvogels Archaeopteryx, das 1877 bei Eichstätt in Bayern in den Solnhofener Plattenkalken gefunden wurde, ausgestellt und erstmals im Original zu sehen. Die in der »Saurierwelt« präsentierten Tiere sind bei Ausgrabungen im

> ■ **Anfahrt:** Am einfachsten gelangt man zum Museum für Naturkunde mit der U-Bahn oder der Tram. U-Bahn: U6 bis Naturkundemuseum. Tram: M6, M8, 12 bis Naturkundemuseum. Bus: 120, 123, 142, 147, 245 bis Invalidenpark.
> ■ **Öffnungszeiten:** Di bis Fr 9.30–18 Uhr, Sa, So und Feiertage 10–18 Uhr, Mo geschlossen (letzter Einlass 30 Min. vor Schließung des Museums).
> ■ **Preise:** Erwachsene 6,- €, Kinder 3,50 €. Familienkarten kosten 11,- €.
> ■ **Altersempfehlung:** Ab ca. 4 Jahre.
> ■ **Einkehr:** Cafeteria im Museum, geöffnet Di bis Fr 10.30–16 Uhr, Sa, So und Feiertage 11–17 Uhr. Angeboten werden leckere Kleinigkeiten, Bouletten, Würstchen, hausgemachter Kartoffel- und Nudelsalat, Eis oder Kuchen, Erfrischungsgetränke, Cappuccino, Kaffee oder Tee.
> ■ **Info:** Museum für Naturkunde der Humboldt-Universität zu Berlin, Invalidenstraße 43, 10115 Berlin, Tel. 030/209 385 91, www.naturkundemuseum-berlin.de.

Museum für Naturkunde Berlin

Blick in den Sauriersaal

heutigen Tansania, in der Gegend des Berges Tendaguru, gefunden worden. Die lieben Kleinen sind hier nur schwer zum Weitergehen zu überreden. Überwältigt stehen sie vor den Urzeittieren und schauen animierte Filme an, sogenannte »Juraskope«. Diese erwecken die Saurier und ihre Welt für alle Interessierten wieder zum Leben und lassen die Betrachter eine virtuelle Zeitreise in die Welt vor 150 Millionen Jahren erleben.

Das zur Humboldt-Universität zu Berlin gehörende Museum ist eine der ältesten musealen Einrichtungen Berlins und mit über 30 Millionen Sammlungsobjekten eines der fünf größten Naturkundemuseen weltweit. Untergebracht in einem altehrwürdigen Gebäude finden sich hier beeindruckende Sammlungen zur Zoologie, Paläontologie und Mineralogie. Die Präsentation der Sammlungen steht unter dem Motto »Evolution in Aktion« und vermittelt sehr ansprechend Wissen über die Entstehung und Entwicklung des Lebens und die Schönheit und die Vielfalt der Lebensformen.

Abenteuer drinnen

Die multimedialen Räume zur Entstehung der Erde und des Universums sind faszinierend. Im geheimnisvoll beleuchteten Raum »Kosmos und Sonnensystem« liegen die Besucher gemütlich auf einem großen Rundsofa und verfolgen eine wunderschöne Projektion über ihren Köpfen. Eine im Treppenhaus angebrachte Leinwand fährt hoch und runter und zeigt die Geschichte des Universums vom Urknall bis heute. Erklärt wird die Geschichte des Kosmos, der Galaxien, Planeten, Sterne und des Sonnensystems. Im angrenzenden Raum wird das »System Erde« in einer lebendigen Art und Weise veranschaulicht. Die Entstehung und Wanderung der Kontinente, vulkanische Aktivitäten, sich auffaltende Gebirge und Meteoriteneinschläge werden an beweglichen Modellen und Schautafeln erklärt. Die Erde ist ein hochdynamischer Planet, der sich in einem permanenten Änderungsprozess befindet.

Die Biodiversitätswand bildet den Auftakt zum Saal mit dem Thema »Evolution in Aktion«. 12 Meter lang und 4 Meter hoch bietet sie einen ein-

Kinder vor der Biodiversitätswand

Museum für Naturkunde Berlin

maligen Einblick in die Wunder des Lebens. Über 1000 verschiedene Tiere sind hinter der Glaswand zu sehen. In der Ausstellung werden die Mechanismen der Evolution erklärt und Fragen beantwortet: Warum hat das Zebra Streifen? Wo kommen all diese Farben her? Warum sind Vögel so unterschiedlich gefiedert? Wie ist das prächtige Gefieder des Pfaus zu erklären?

In einem Saal aus dem 19. Jahrhundert befindet sich die beeindruckende Mineraliensammlung. In weiteren Räumen sind unzählige präparierte Tiere, Huftiere und Vögel aus aller Welt sowie Modelle von Säugetieren und Insekten zu sehen, darunter das Modell einer 50 Zentimeter großen Ameise.

Im 2010 eröffneten neuen Sammlungsflügel wurde eine weltweit einmalige naturkundliche Nass-Sammlung der Öffentlichkeit zugänglich gemacht. Rund eine Million Objekte der zoologischen Sammlung wie Amphibien, Fische, Krebse, Spinnen und Säugetiere in 2760 Gläsern mit 81.880 Litern Alkohol sind hier zu sehen.

Für Kinder ist das Museum ein Hit, und das nicht nur wegen der Dinosaurier. Museumspädagogen haben ein tolles Angebot erarbeitet und stehen bereit. Im Humboldt-Exploratorium erforschen Kinder und Jugendliche die Natur. Beim Mikroskopieren oder Ausgraben können sie selbstständiges naturwissenschaftliches Arbeiten erproben und bekommen so praktisches Wissen vermittelt.

In den Wintermonaten werden Taschenlampenführungen angeboten. Nur im Lichtschein der Taschenlampen schleichen die Kinder durch das Museum. Von März bis Juni gibt es den Kindersonntag. An diesem Tag sind die Kinder eingeladen, sich als kleine Forscher auszuprobieren und kreativ zu werden.

> **Tipp**
> Audioguide ausleihen, dieser ist sehr lohnenswert und kostenlos. Aktuelle und nähere Informationen zu den Veranstaltungen für Familien und Kinder finden Sie im ausführlichen Veranstaltungsprogramm unter www.naturkundemuseum-berlin.de oder www.humboldt-exploratorium.de.
> Für Kinder ab 6 Jahren besteht auch die Möglichkeit, ihren Geburtstag im Museum zu feiern, z. B. eine Dinoparty für die Jüngeren oder eine Ausgrabung für Kinder ab 8 Jahren. Hier darf das Geburtstagskind Expeditionsleiter sein. Allerdings ist die Nachfrage so groß, dass Eltern schon 3–4 Monate im Voraus reservieren sollten.

Abenteuer drinnen

38 Deutsches Technikmuseum und Science Center Spectrum Berlin

Selbst Daniel Düsentrieb würde hier aus dem Staunen nicht mehr herauskommen

Das Deutsche Technikmuseum in Kreuzberg ist riesig und ein Tag viel zu kurz, um alles zu sehen, zu erleben und auszuprobieren. Die umfangreichen Sammlungen zur Technikgeschichte sind von internationalem Rang und unglaublich beeindruckend.

Auf dem Gelände des ehemaligen Anhalter Güterbahnhofs, nahe dem Potsdamer Platz am Gleisdreieck gelegen, befindet sich das Deutsche Technikmuseum. 1983 gegründet, wurde es bis heute kontinuierlich erweitert und wächst beständig. Schon von Weiten sieht man den imposanten, vom Dach herabhängenden »Rosinenbomber«, gerade so als wäre er im Anflug auf Berlin. Mit diesen Flugzeugen wurde ganz Westberlin während der Blockade Berlins 1948/49 aus der Luft versorgt.

- **Anfahrt:** Mit der S-Bahn: S1, S2 und S25 bis Anhalter Bahnhof. Mit der U-Bahn: U1 oder U2 bis Gleisdreieck oder U1 und U7 bis Möckernbrücke.
- **Öffnungszeiten:** Di bis Fr 9–17.30 Uhr, Sa, So und Feiertage 10–18 Uhr, Mo geschlossen.
- **Preise:** Erwachsene 6,- €, Kinder 3,50 €. Die Eintrittskarten gelten am selben Tag für das Deutsche Technikmuseum und das Science Center Spectrum.
- **Altersempfehlung:** Ab 4 Jahre.
- **Einkehr:** Im Museumsrestaurant »Kutscherstübchen« wird deutsche Küche mit mediterranem Einschlag serviert. Im Museum und im Museumspark gibt es zudem ausgewiesene Picknickzonen, hier können mitgebrachte Speisen und Getränke verzehrt werden.
- **Info:** Deutsches Technikmuseum, Trebbiner Straße 9, 10963 Berlin, Tel. 030/902 54-0, www.sdtb.de. Science Center Spectrum, Eingang: Möckernstraße 26.

Deutsches Technikmuseum und Science Center Spectrum Berlin

Schifffahrtsabteilung im Deutschen Technikmuseum Berlin

In der Eingangshalle empfangen uns ratternde und dampfende Maschinen. In den Räumen und Sälen des Museums stehen Flugzeuge, Lokomotiven, Oldtimer und Fahrräder, Schiffe und Schiffsmodelle aus über 200 Jahren Technikgeschichte. Dazu kommen zischende Dampfmaschinen, Dieselmotoren, Druckpressen und Papiermaschinen, Webstühle, Kameras, Radios und sogar der erste Computer, der Z1, der 1936 von Konrad Zuse entwickelt wurde, und das ist bei Weitem nicht alles. Tausende Objekte zählt das Museum und präsentiert diese auf rund 250 Quadratmetern Ausstellungsfläche. Die Dauerausstellung ist in 14 Abteilungen gegliedert und zeigt die faszinierende Welt der Verkehrs-, Kommunikations-, Produktions- und Energietechniken. Es scheint, als wurden hier alle Errungenschaften der Ingenieurskunst und Technik, die die Menschheit je hervorgebracht hat, zusammengetragen und ausgestellt.

Eine der weltweit größten Sammlungen zum Schienenverkehr ist in den historischen, mit zwei Drehscheiben ausgestatteten Lokschuppenanlagen von 1874 auf dem Außengelände des Museums untergebracht. Hier stehen rund 40 originale Eisenbahnfahrzeuge, Lokomotiven und Wagen aus den Jahren 1843 bis 1985, ergänzt durch Signale, Modelle, Fahrkar-

Abenteuer drinnen

Papier schöpfen

> **Tipp**
> Seit 2002 bietet das Helmholtz-Zentrum Berlin an einigen Wochenenden im Juli und August die beliebte Veranstaltung »Physik zum Frühstück« für Familien mit Kindern ab 8 Jahren und Jugendliche an. Beim traditionellen Sommerfrühstück für Groß und Klein erklären Physiker die Eigenschaften des Lichts anhand einfacher Experimente. Auch der Elektronenspeicherring BESSY, eine der hellsten Lichtquellen der Welt, wird im Helmholtz-Zentrum Berlin vorgestellt. Zur Stärkung gibt es Bagels, Kaffee und Tee. Wegen der großen Nachfrage bitte bis spätestens eine Woche vor dem jeweiligen Termin anmelden. E-Mail: adlershof@helmholtz-berlin.de oder telefonisch unter 030/80 62-149 20.

ten, Reisegepäck, historische Uniformen und das originale Fürstenportal des zerstörten Anhalter Bahnhofs.

Die Ausstellungen zu Luft- und Schifffahrt befinden sich im architektonisch interessanten Neubau. Viele Flugzeuge aus aller Welt, darunter Klassiker wie die Junkers Ju52, der Bückner Bü 131 oder eine Messerschmitt Bf 110 sind hier zu sehen. Es werden Schiffe sowie über 1000 Exponate zur Geschichte der Hochsee- und Binnenschifffahrt präsentiert. Einige der historischen Verkehrsmittel können von den Besuchern sogar betreten werden.

Der Museumspark ist an sich ein Industriedenkmal. Zu besichtigen sind eine historische Brauerei, eine alte Schmiede, Wind- und Wassermühlen, die eindrucksvoll die vorindustrielle Energieumsetzung veranschaulichen, und eine moderne Solaranlage. Die historische Bahnbrache wurde teilweise von der Natur zurückerobert, und wo früher Güterzüge rangiert wurden, wächst heute eine wilde Vegetation.

Das Museum ist ein interaktiver Lern- und Erlebnisort. In den Räumen werden die Exponate immer in Bezug zu den Menschen, die sie entwickelten oder genutzt haben, präsentiert und so in kulturhistorische Zusammenhänge eingebunden. In vielen Ausstellungsbereichen gibt es Schauwerkstätten und täglich wechselnde Vorführungen der historischen Maschi-

Deutsches Technikmuseum und Science Center Spectrum Berlin

nen. Die Besucher können selbst aktiv werden und lauter Dinge ausprobieren. Dies ist nicht nur für Kinder ein besonders spannendes Angebot. So können Kleine und Große Papier schöpfen und selbst bedrucken, Webmaschinen ausprobieren, Getreide mahlen und an Computern spielen. Zudem ergänzen allgemeine und spezielle Führungen und Besucheraktivitäten das Angebot. An jedem zweiten Sonntag im Monat finden Kinderführungen statt und in der regelmäßigen Veranstaltung des Science Centers »Humboldt-Stunde« können physikalische und technische Experimente bei populärwissenschaftlichen Darstellungen live erlebt werden.

Das große Science Center ist ein wahres »Experimentierlabor« und lädt zum Mitmachen ein. In einem separaten Gebäude, rund 150 Meter vom Deutschen Technikmuseum entfernt untergebracht, erwartet die Kinder und Jugendlichen eine interaktive Wunderwelt der Naturwissenschaften und der Technik. Rund 250 verblüffende Experimente zu Mathematik, Physik, Technik und Wahrnehmung, zu Mikrokosmos und Makrokosmos, zu Phänomenen der Akustik und Optik, zu Elektrizität und Magnetismus, Mechanik und Bewegung, Wärmelehre oder Radioaktivität faszinieren auf vier Etagen und lassen die kleinen Besucher staunen. Interaktive Experimentierstationen warten darauf, von den Besuchern ausprobiert zu werden. Große und Kleine können hier mit viel Spaß Erkenntnisse sammeln, ihr Geschick erproben und Zusammenhänge begreifen. Hier gibt es Antworten auf viele Fragen, die sich Eltern und Kinder schon immer gestellt haben.

Experimentieren im Science Center

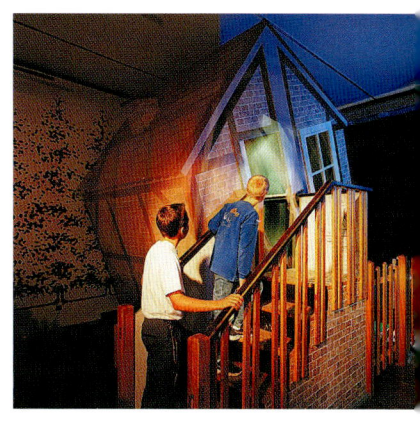

Die Hexenschaukel

Abenteuer drinnen

39 Das Labyrinth Kindermuseum Berlin

Ein Museum nur für Kinder

Das 1997 im Gebäude der ehemaligen Zündholzfabrik eröffnete Kindermuseum ist bei Familien und Kindern schon kein Geheimtipp mehr und gehört zu den beliebtesten Freizeitzielen in Berlin. Die Besucher kommen längst nicht mehr nur aus der Region.

- **Anfahrt:** Mit der S-Bahn: S1, S2, S8, S25 oder S85 bis Bornholmer Straße. Mit der U-Bahn: U9 bis Osloer Straße oder U8 bis Pankstraße.
- **Öffnungszeiten:** Fr und Sa 13–18 Uhr, So und Feiertage 11–18 Uhr. In den Berliner Schulferien Mo bis Fr 9–18 Uhr, Sa 13–18 Uhr und So 11–18 Uhr.
- **Preise:** Erwachsene und Kinder 4,50 €, Familienkarte 13,- €.
- **Altersempfehlung:** Für Kinder im Alter von 4–12 Jahre und Erwachsene.
- **Einkehr:** Café im Gebäude.
- **Info:** Labyrinth Kindermuseum Berlin, in der »Fabrik Osloer Straße«, Osloer Straße 12, 13359 Berlin, Tel. 030/800 93 11-50, www.labyrinthkindermuseum.de.

Das Labyrinth Kindermuseum ist anders als alle Museen, die Sie sonst so kennen. Es ist ein Museum ganz für Kinder, für Jungen und Mädchen, vor allem auch für Kinder aus verschiedenen Herkunftsländern, und diese sollen sich hier wohl fühlen. So werden gleich am Eingang die Straßenschuhe gegen Hausschuhe oder Stoppersocken getauscht, und ab geht's in die fantastisch gestaltete interaktive Ausstellungswelt.

Spiel und Spaß im Labyrinth Kindermuseum

Das Labyrinth Kindermuseum Berlin

Untergebracht ist das Museum in einer ca. 1000 Quadratmeter großen denkmalgeschützten ehemaligen Montagehalle für Zündholzmaschinen und gehört zum soziokulturellen Zentrum »Fabrik Osloer Straße« in Wedding. Bei den interaktiven Erlebnisausstellungen für Kinder im Alter von 4 bis 12 Jahren stehen nicht die Objekte, sondern die Kinder und deren Zugang zu den Ausstellungsthemen an erster Stelle. Themen werden so aufbereitet, dass Kinder sie spielerisch begreifen und erfahren können und so der Prozess des kindlichen Lernens in Gang gesetzt wird. Die Kids sollen alles anfassen, ausprobieren und hinterfragen, um die Welt mit allen Sinnen zu begreifen. So gibt es im Labyrinth Kindermuseum auch keinen fest vorgeschriebenen Rundgang durch die Ausstellung, sondern die Kinder sind selbst gefragt, sich ihren eigenen Weg zu suchen und so die Inhalte zu begreifen.

Freundinnen erkunden gemeinsam die Ausstellung

Gemein ist allen Ausstellungen des Hauses, dass sie immer vor Ideenreichtum sprühen sowie sehr kreativ und gut durchdacht sind. Unterschiedlichste Themen, bei deren Vermittlung und musealer Inszenierung das spielerische Lernen der Kinder im Mittelpunkt steht, werden als fantasievolle Erlebniswelten präsentiert. In den Ausstellungsbereichen warten viele spannende Aktionen und Aufgaben auf die Kinder. So können beispielsweise Rätsel gelöst werden oder in der Ausstellung »Frische Tinte«, in der es um die Geschichts- und Lesewelten der bekannten Kinderbuchautorin Cornelia Funke geht, begeben sich Jungen und Mädchen auf eine literarische Abenteuerreise. Sie werden im Spiel selbst zu Geschichtenerfindern und das Museum wird zur Abenteuerwelt, zu einer großen Spielwiese für die Kinder.

Tipp
Im Museum müssen die Schuhe ausgezogen werden. Die Kinder sollen sich wie zu Hause fühlen. Bitte Hausschuhe, Hallenturnschuhe oder Stoppersocken mitbringen.

Abenteuer drinnen

40 Das MACHmit! Museum für Kinder

Ein Ort zur Förderung der kindlichen Kreativität

Mit großer Freude sind die Kinder bei der Sache. Sie basteln, legen Mosaike, meißeln Skulpturen aus Kalkstein oder streifen einfach durch die Ausstellung und probieren hier und da etwas aus. Der Name des Museums ist Programm.

■ **Anfahrt:** S-Bahn: S41/S42 bis Prenzlauer Allee. U-Bahn: U2 bis Eberswalder Straße. Tram: M10 bis Prenzlauer Allee/Danziger Straße und M2 bis Fröbelstraße.
■ **Öffnungszeiten:** Die bis So 10–18 Uhr, Mo geschlossen.
■ **Preise:** Erwachsene 4,50 €, Kinder 3,- €, Kinder unter 3 Jahren frei, Familienkarte (2 Erw. mit 3 Kindern) 14,- €.
■ **Altersempfehlung:** Für Kinder von 3–12 Jahre.
■ **Einkehr:** Familien-Café mit Krabbelwiese im Museum oder nach dem Museumsbesuch in ein nettes Café am Helmholtzplatz setzen.
■ **Info:** MACHmit! Museum für Kinder, Senefelder Straße 5/6, 10437 Berlin, Tel. 030/747 782 00, www.machmitmuseum.de.

Führung durch die Ausstellung für Kinder

Das im Jahr 2000 in die alte und stimmungsvolle Eliaskirche in Prenzlauer Berg eingezogene MACHmit! Museum ist ein Ort für Kinder und kuriose Dinge, ein Raum zum Spielen, Lernen und Basteln. Das Museum soll Kindern vor allen Dingen Spaß machen und spielerisches Lernen ermöglichen. In den großen Räumen können die Kleinen alles anfassen und selbst ausprobieren. Der direkte Kontakt und der Austausch mit den Objekten und anderen Kindern trägt zum spielerischen Lernen und zur freien Entfaltung bei.

Das MACHmit! Museum für Kinder

Der mittlere Bereich des Untergeschosses ist den wechselnden Ausstellungen vorbehalten. Drumherum sind feste Museumselemente und Ausstellungsobjekte installiert: eine alte Druckerei, in der man selbst mit alten Buchstaben Wörter bilden und drucken kann, und man erfährt, wie früher Bücher gedruckt wurden, ein Seifenladen aus Großmutters Zeiten und ein Spiegelkabinett, das für ausgelassenes Lachen sorgt. Mal sieht man sehr dick, dann wieder sehr dünn und lang aus. Außerdem laden kuschelige Ecken zum Ausruhen und Bücher zum Lesen ein. Zentrales Element ist ein riesiges, extra angefertigtes Klettergerüst aus Holz. Das Kletterregal reicht bis hinauf unters Dach des Kirchengebäudes und ist wirklich einmalig. Alle Klettermaxe ab 5 Jahren dürfen das unglaubliche Regal eigenständig erklimmen. Jüngere Kinder müssen von den Eltern dabei beaufsichtigt werden.

Das breite Angebot an wechselnden Ausstellungen, bei denen die Kinder kleine Küken im Museum schlüpfen sehen, sich mit Themen wie Energie, Papier oder Schokolade auseinandersetzen können oder viel über Schlaf und Traum erfahren, sowie Puppentheatervorstellungen, Workshops und Ferienkurse animieren die Kinder zum Ausprobieren, Entdecken und Erforschen und lassen sie spielerisch Erfahrungen sammeln. Die jungen Besucher gestalten jede Sekunde des Museumsbesuchs aktiv mit.

Ob basteln und Porzellan bemalen, nähen oder weben in der Kreativwerkstatt oder in der Druckerei drucken und in kreativen Ferienworkshops mit Ölfarben malen lernen oder auch einfach nur sein eigenes Fahrrad reparieren, all das sind Aktivitäten, die Kinder im MACHmit! Museum erwarten.

Tipp
Das Museum richtet auch gern Kindergeburtstage aus. Nach Voranmeldung können Kinder in Begleitung einer Betreuungsperson bis zu drei Stunden im Museum einen Themen-Geburtstag feiern oder sich ein Werkstattangebot, wie zum Beispiel Drucken, für die Kindergruppe aussuchen. Außerdem kann das große Kletterregal von allen kleinen Geburtstagsgästen genutzt werden.

Mitmachaktion

Abenteuer drinnen

41 Das Puppentheater-Museum in Berlin-Neukölln

Ein Museum als Erlebnisraum für Kinder und Erwachsene

Ein Besuch mit Kindern im Puppentheater-Museum ist eine Reise ins Land der Fantasie, der Märchen und Geschichten. Schon Kinder ab dem Kindergartenalter können hier spielerisch Museumserfahrung sammeln.

- **Anfahrt:** U-Bahn: U7 bis Bahnhof Karl-Marx-Straße.
- **Öffnungszeiten:** Mo bis Fr 9–15.30 Uhr, So 11–16 Uhr.
- **Preise:** Museum: Erwachsene 3,- €, Kinder 2,50 €. Puppentheater: Erwachsene 5,- €, Kinder 5,- €. Märchenerzählung: Erwachsene 5,- €, Kinder 3,50 €. Taschenlampenführung: Erwachsene 3,50 €, Kinder 3,- €.
- **Altersempfehlung:** Ab 3 Jahre.
- **Einkehr:** Ins Café Rix oder in die Hofperle.
- **Info:** Puppentheater-Museum Berlin, Karl-Marx-Straße 135, 12043 Berlin, Tel. 030/687 81 32, www.puppentheater-museum.de.

Blick ins Puppentheater-Museum

Das kleine Museum, in einem Hinterhof in Neukölln zu Hause, versammelt Hunderte Puppen, Marionetten und Schattenspielfiguren aus aller Welt unter einem Dach. Sie alle wurden in liebevoller Arbeit vom Chef und Gründer des Museums Nikolaus Hein zusammengetragen. Kasperlfiguren aus aller Herren Länder, Prinzessinnen, Krieger und Ritter, und jede der Figuren und Puppen hat ihre ganz eigene Geschichte und Persönlichkeit.

Puppentheater-Museum in Berlin-Neukölln

In jährlich wechselnden themenbezogenen Ausstellungen werden Exponate aus vier Jahrhunderten Puppentheater gezeigt. Das Museum informiert über die vielseitige Geschichte des Puppentheaters und will Interesse sowie Liebe für die Kunst des Puppenspiels schon bei den Allerkleinsten wecken. Doch begreift sich das Haus nicht nur als Museum, das ausstellt und verwahrt, sondern als ein Erlebnisraum für Menschen jeden Alters, als Raum für Märchen und Erzählkultur.

In diesem Sinne erleben die Museumsgäste im Rahmen der Ausstellung spielerisch die Welt der Puppen, der Märchen und des Theaters. So werden bei Führungen für Kinder und Erwachsene Handpuppen, Marionetten, Stockpuppen, Stabfiguren und Großfiguren aus verschiedenen Kulturkreisen gezeigt. Einige Puppen sind sogar zum Anfassen, andere werden lebendig und die Besucher haben bei diesen Gelegenheiten die Möglichkeit, einige der vielen Theaterpuppen sogar selbst einmal auszuprobieren. Während der Führung für Kinder erzählen die Mitarbeiter die Lebensgeschichten einzelner Puppen und die Kleinen versuchen, Märchen zu erraten oder Hexen zu zählen. Bei diesen Anlässen treffen die Kinder alte Freunde und lernen neue Bekannte kennen. Sie geben Marionetten die Hand, um sich vorzustellen, und turnen gemeinsam mit Pinocchio.

Zusätzlich zur Ausstellung bietet das Museum ein reiches Veranstaltungsangebot an. Die Taschenlampenführungen für Kinder ab 8 Jahren sind das absolute Highlight. Im Dunkeln durchs Museum schleichen und die Puppen im Lichtschein der Taschenlampen betrachten ist aufregend und auch ein bisschen gruselig. Für Kinder und Erwachsene gibt es täglich zielgruppenorientierte Führungen und monatliche Veranstaltungen wie Lesungen, Puppentheateraufführungen, Kindernachmittage und Kindergeburtstage sowie Workshops zum Puppenbau.

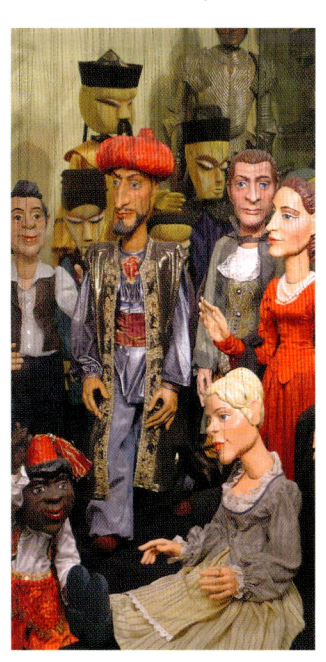

Marionetten

Abenteuer drinnen

42 Die Berliner Museen für Kinder

Spannende Erlebnisse in der geheimnisvollen Welt der Museen

Auf Kunstsafari durch Afrika in den Museen Dahlem, auf Entdeckungsreise mit dem Zauberkamel durch den Orient im Museum für Islamische Kunst oder sich auf die Spuren der Pharaonen im Neuen Museum begeben? Die Kinder haben die Wahl.

■ **Preise:** Der Eintritt in die Staatlichen Museen zu Berlin ist für Kinder und Jugendliche bis 18 Jahre frei. Die Preise für Führungen und Kurse sind unterschiedlich.
■ **Altersempfehlung:** Für Kinder ab 4 Jahre und Familien.
■ **Info:** Die Museumsinformation Berlin Junior ist unter Tel. 030/247 498 89 zu erreichen. www.smb.museum, www.museumsportal-berlin.de, www.kinderakademie-berlin.de.

Tipp
Im Klingenden Museum in Wedding können Kinder und Jugendliche Instrumente unter professioneller Anleitung ausprobieren. Info: Zingster Str. 15, 13357 Berlin, Telefon: 030-39 99 35 22, www.klingendes-museum.de, Eintritt: 2,00 €.

Berlin hat rund 175 Museen und Sammlungen und mit Sicherheit sind nicht alle für einen Besuch mit Kindern geeignet. Doch es gibt einige, die auch den Kids richtig Spaß machen und wo sie viel lernen können. Die Staatlichen Museen zu Berlin sind keine typischen Kinder- und Jugendmuseen, von denen einige in diesem Buch vorgestellt werden, und es geht in den Ausstellungen und Sammlungen auch nicht um Natur oder Technik. Dennoch bergen die Häuser wahre und ungeahnte Schätze, die zum Entdecken und Träumen einladen und den Kindern ganz neue Kulturen und Welten eröffnen.

Die 28 Stufen des Pergamonaltars zu erklimmen oder durch das prächtige blaue Ischtar-Tor mit den Darstellungen von Löwen, Stieren und Drachen im Pergamonmuseum zu spazieren sowie die Prozessionsstraße entlangzulaufen begeistert auch Kinder. Im Neuen Museum sind Nofretete und Sarkophage zu bestaunen und im Ethnologischen Museum in Dahlem ist die Südseeabteilung mit ihren großen Booten und dem mit Malereien verzierten Männerhaus aus

Die Berliner Museen für Kinder

Palau, das ohne Schuhe sogar betreten werden darf, der Hit. Mit Kindern Kunst und Museen zu erleben und diese gemeinsam zu entdecken ist ein schönes und lohnenswertes Familienerlebnis.

Ganz nach dem Motto »Kinder erobern die Museen« bieten auch die Staatlichen Museen zu Berlin Programme für Familien und Kinder an. Das Junior Museum im Ethnologischen Museum und auch die im Herbst 2010 ins Leben gerufene Kinderakademie laufen mit großem Erfolg. Die Kindergalerie im Bode-Museum bietet immer Sonntags um 15 Uhr Familienveranstaltungen an.

Vor der Alten Nationalgalerie

Fast alle Berliner Museen bieten regelmäßig stattfindende Angebote für Kinder an. Nach Altersgruppen getrennt finden die attraktiven Kurse und Ferienprogramme für Kinder ab 4, 5, 6 und 7 Jahren statt. Die Auswahl ist so bunt wie die Sammlungen vielfältig sind. In der Gemäldegalerie gibt es jeden Sonntag Führungen zum Thema »Kunst für Kinder«, im Museum Berggruen können die Kinder malen, zeichnen und kleben wie bei Picasso, Klee und Matisse. Im Deutschen Historischen Museum lernen die Kleinen bei Führungen die Welt der Ritter, Burgen und Turniere kennen.

Bei allen Veranstaltungen, seien es Führungen für Familien mit Kindern oder spezielle Angebote und Kurse, wird Geschichte, Kultur und Kunst für die Kinder erfahrbar und lebendig.

Tipp
Der Verein Jugend im Museum veranstaltet künstlerische Kurse für Kinder und Jugendliche in den verschiedenen Sammlungen. Die Kurse finden entweder an einem Wochenende oder mehrmals hintereinander an einem bestimmten Nachmittag der Woche statt. Das aktuelle Angebot finden Sie unter www.jugend-im-museum.de.
In der Berlinischen Galerie öffnet jeden Mittwoch das Offene Atelier seine Türen. Ohne Voranmeldung können Kinder hier von 15–18 Uhr künstlerisch tätig sein. Informationen unter www.berlinischegalerie.de.

Abenteuer drinnen

43 Die Märchenhütte im Monbijoupark

Es war einmal vor langer, langer Zeit …

Die Märchenhütte am Ufer der Spree ist die Winterspielstätte des Hexenkessel Hoftheaters. Auf dem Programm stehen Märchen für Kinder und Erwachsene. Wunderbarerweise, denn Märchen sind fantastisch und werden immer wieder gern gehört.

Das kleine innovative Ensemble des Hexenkessel Hoftheaters hat sich seit 1994 ganz der Spiel- und Lebensweise des fahrenden Gauklervolkes verschrieben. Die Inszenierungen zeichnen sich durch eine ungeheure Spielfreude und den direkten Zuschauerkontakt aus. Alle Stücke werden lebendig und mit Humor und Wortwitz gewürzt auf die Bühne gebracht. Im Sommer stehen meist Shakespeare-Inszenierungen unter freiem Himmel im hölzernen Amphitheater auf dem Programm. Im Winter zieht sich die Gruppe in

Gebannte Kindergesichter in der Märchenhütte

■ **Anfahrt:** S-Bahn: Bahnhöfe Hackescher Markt, Oranienburger Straße oder Friedrichstraße. Tram: M1 oder M6 bis Monbijouplatz.
■ **Öffnungszeiten:** Es laufen Nachmittagsvorstellungen für Kinder und Abendvorstellungen für Erwachsene. Die genauen Vorstellungszeiten bitte an der Theaterkasse oder unter Tel. 030/288 866 999 erfragen.
■ **Preise:** Kindervorstellungen: Di–Do Kinder 4,- €, Erwachsene 7,- €, Fr–So Kinder 5,- €, Erwachsene 8,- €. Abendvorstellungen: Kinder 8,- €, Erwachsene 12,- €.
■ **Altersempfehlung:** Für Kinder ab 4 Jahre. Einige Märchen erst ab 18 Jahre.
■ **Einkehr:** In der Märchenhütte gibt es Getränke und Kleinigkeiten zu essen.
■ **Info:** Märchenhütte, Auf dem Bunkerdach, Monbijoupark, vis-à-vis Bode-Museum, Monbijoustraße, 10119 Berlin, Tel. 030/240 486 50, www.maerchenhütte.de.

Die Märchenhütte im Monbijoupark

die gemütliche Wärme des kleinen Holzhauses, die Märchenhütte, zurück und widmet sich der gespielten Interpretation der Welt der Märchen.

Die urige Hütte scheint selbst aus einer vergangenen Zeit, aus einem uralten Märchen zu stammen. Eine aus Brettern gezimmerte Behausung nach russischem Vorbild, und niemanden würde es wundern, wenn der starke Wanja plötzlich vom Ofen steigen und in die Welt hinausziehen würde. In der gemütlichen Geborgenheit der Hütte, dicht an dicht auf Bänken sitzend, können die Kinder den Märchen lauschen und zuschauen. Bei prasselndem Feuer, Ofenwärme und Kerzenschein, Bratäpfeln und Glühwein für die Eltern entsteht eine heimelige Atmosphäre. Hier werden nicht nur Kinderherzen verzaubert.

Für alle großen und kleinen Märchenfans bieten die Schauspieler rund 20 Märchen der Gebrüder Grimm dar: klassische wie der »Gestiefelte Kater«, »Rapunzel«, »Der Fischer und seine Frau« oder »Schneeweißchen und Rosenrot« und natürlich »Schneewittchen« sowie weniger bekannte. Die Märcheninterpretationen sind durchweg modern und sehr gut gelungen. Die Darbietungen erfolgen immer in Blöcken, das heißt zwei halbstündige kurze Märchen pro Vorstellung, und so wird der Theaterbesuch auch für die Kleinen nicht zu lang. Auf der Bühne geben sich Dornröschen, Rumpelstilzchen, der Froschkönig, Frau Holle und der Gestiefelte Kater ein buntes Stelldichein und viele weitere gruselige, lustige und schräge Märchengestalten schauen in den Wintermonaten hier vorbei. Die Gäste können live miterleben, wie das Rumpelstilzchen über die Jahre nichts von seiner Garstigkeit verloren hat, wie die Prinzessin den Frosch ihres Lebens küsst und wie Dornröschen wirklich von ihrem schönen Prinzen erweckt wird und sich unsterblich in ihn verliebt.

Tipp
Nach dem Theaterbesuch ist die Tadschikische Teestube, hinter der Neuen Wache gelegen, der richtige Ort, um einen Märchennachmittag ausklingen zu lassen. Hier sitzen die Gäste gemütlich auf weichen Polstern an niedrigen Tischen und genießen Tee und kleine Speisen. Palais am Festungsgraben (erste Etage), Am Festungsgraben 1, 10117 Berlin.

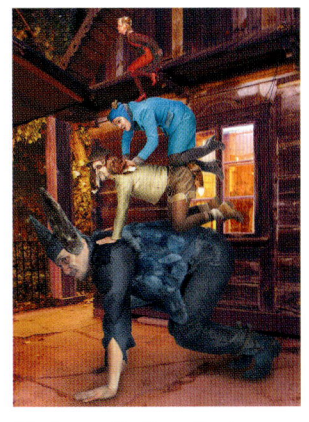

Die Bremer Stadtmusikanten

109

Abenteuer drinnen

44 Theater für Kinder in Berlin
Alles Theater auch schon für die ganz Kleinen

In Berlin gibt es viele Bühnen und Theater, die Stücke für Kinder und Jugendliche im Programm haben, und auch einige Theater, die sich ausschließlich an ein kindliches Publikum richten. Es ist nicht möglich, alle vorzustellen, hier aber eine Auswahl der schönsten Theater für Kinder und Familien in Berlin.

- **Anfahrt:** Mit der U9 bis Amrumer Straße oder mit den Bussen 142 und 221.
- **Öffnungszeiten:** Spielzeiten an der Kasse erfragen oder siehe Programm auf der Webseite.
- **Preise:** Einzelpreis bis 16,- €, verbilligte Familienpreise.
- **Altersempfehlung:** Für Kinder ab ca. 4 Jahre.
- **Info:** Luxemburger Straße 20, 13353 Berlin, Tel. 030/817 991 88, www.atzeberlin.de.

Musiktheater Atze

Das Atze ist Deutschlands größtes Musiktheater für Familien mit Kindern zwischen etwa 4 und 13 Jahren. Im Jahr 1985 als reines Band-Projekt gegründet, hat sich das Atze seit Mitte der 1990er-Jahre etabliert. Ein großes Repertoire an Stücken wie »Momo«, »Ronja Räubertochter«, »Eine Woche voller Samstage«, »Herr Flügel und sein Piano« oder »Ben liebt Anna« wird regelmäßig gezeigt und von mehr als 880 Zuschauern pro Jahr gesehen.

Musiktheater Atze

Theater für Kinder in Berlin

Figurentheater Grashüpfer im Treptower Park

Das Figurentheater Grashüpfer liegt mitten im Treptower Park. Die Puppenspieler zeigen Stücke mit Marionetten, Schatten- oder Stabpuppen und traditionellen Handpuppen. Nach den Vorstellungen wird zum Theaterbasteln eingeladen. Kinder können einfache Masken, Figuren, Hampel- oder Stabpüppchen fertigen. So können die Kinder nicht nur kreatives Theater erleben, sondern selbst kreativ werden. Auch können alte Kostüme anprobiert werden. Besonderer Beliebtheit erfreuen sich die Märchenabende am Lagerfeuer, in einer Jurte auf dem Theaterhof. Neu im Programm sind Stücke für Kinder ab 2 Jahren.

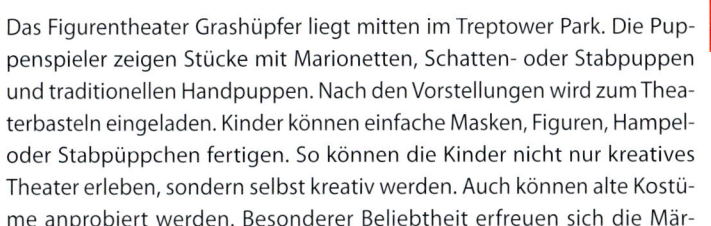

- **Anfahrt:** Mit der S-Bahn S41/S42, S8, S9 und S85 bis Treptower Park oder mit den Bussen 104, 194, 166, 167 und 265.
- **Öffnungszeiten:** Spielzeiten an der Kasse erfragen oder siehe Programm auf der Webseite.
- **Preise:** Erwachsene 7,- €, Kinder 5,- €.
- **Altersempfehlung:** Für Menschen von 2 bis 100 Jahre.
- **Info:** Puschkinallee 16, 12435 Berlin, Tel. 030/536 951 50, www.theater-grashuepfer.de.

Grips Theater

Das Grips Theater ist eine Berliner Institution und eines der berühmtesten Kindertheater der Welt. Mit legendären Stücken wie »Linie 1«, »Ab heute heißt du Sara«, »Eine linke Geschichte« oder »Ohne Moos nix los« hat es sich einen festen Platz in den Herzen der Berliner Jugendlichen und Kinder, aber auch der Erwachsenen erobert und ist aus der Berliner Theaterlandschaft nicht mehr wegzudenken.

- **Anfahrt:** Mit der U-Bahn U9 bis Hansaplatz. Das Theater liegt direkt am U-Bahnhof.
- **Öffnungszeiten:** Spielzeiten an der Kasse erfragen oder siehe Programm auf der Webseite.
- **Preise:** Erwachsene 9–18,- €, ermäßigt für Kinder und Schüler 6–10,- €. Kartenvorbestellung unter Tel. 030/397 47 40: Mo bis Fr 9–17 Uhr für Vormittagsvorstellungen. Mo bis Fr 12–18 Uhr und Sa, So, Feiertage 11–17 Uhr für Nachmittags- und Abendvorstellungen.
- **Altersempfehlung:** Für Kinder ab 5 Jahre.
- **Info:** Grips Theater, Altonaer Str. 22, 10557 Berlin, Tel. 030/397 47 40, www.grips-theater.de.

Abenteuer drinnen

Hans Wurst Nachfahren

Das Berliner Puppentheater am Winterfeldplatz in Schöneberg zeigt Stücke für Kinder aller Altersgruppen und die ganze Familie. Aufgeführt werden literarische Stoffe, Märchen und Stücke zu aktuellen Themen.

- **Anfahrt:** Mit der U1, U2, U4 und U15 bis Nollendorfplatz sowie mit den Bussen 187, M19 und 106 bis U Nollendorfplatz oder mit dem Bus 204 bis Winterfeldplatz.
- **Öffnungszeiten:** Spielzeiten an der Kasse erfragen oder siehe Programm auf der Webseite.
- **Preise:** Erwachsene 6,80 €, Kinder 5,80 €. Mit Live-Musik: Erwachsene 11,- €, Kinder 9,- €. Kaspertheater 5,20 €.
- **Altersempfehlung:** Für Kinder ab 4 Jahre.
- **Info:** Gleditschstraße 5, 10781 Berlin, Tel. 030/216 79 25, www.hans-wurst-nachfahren.de.

Der Prenzelkasper

Der Prenzelkasper ist das kleine Theater des Puppenspielers Christian Bahrmann. Bahrmann ist auch bekannt aus dem Fernsehen. Auf Kika moderiert er die Sendung »Kikaninchen« und ist der Star der Kinder. In seinem Theater mit angeschlossenem Eisladen bietet er Puppenspiel für Kinder und Eltern an.

- **Anfahrt:** Mit der Tram M2 bis Marienburger Straße, der M4 bis Hufelandstraße und der U2 bis Senefelderplatz.
- **Öffnungszeiten:** Spielzeiten an der Kasse erfragen oder siehe Programm auf der Webseite.
- **Preise:** Kinder und Erwachsene zahlen 5,- €.
- **Altersempfehlung:** Für Kinder ab 3 Jahre.
- **Info:** Marienburger Straße 39, 10405 Berlin, Tel. 030/217 910 60 (Kartenvorbestellung), www.prenzelkasper.de.

Puppentheater und Eisladen Prenzelkasper

Theater für Kinder in Berlin

Puppentheater Felicio

Seit 1993 zeigt das Puppentheater Felicio moderne Inszenierungen mit eigenem Charme und Witz für Kinder und Erwachsene. Kinder und Eltern werden während der Vorstellung in das Spiel mit einbezogen und haben richtig Spaß.

- **Anfahrt:** Mit der S-Bahn S8, S41/S42 oder U2 bis Schönhauser Allee oder Tram 50.
- **Öffnungszeiten:** Spielzeiten an der Kasse erfragen oder siehe Programm auf der Webseite.
- **Preise:** Kindervorstellungen: Erwachsene 6,- €, Kinder 4,- €.
- **Altersempfehlung:** Für Kinder ab 4 Jahre.
- **Info:** Schivelbeiner Straße 45, 10439 Berlin Tel. 030/446 735 30, www.felicio.de.

Puppentheater Firlefanz – Preuß'sches Marionettentheater

Das kleine Theater in Berlin-Mitte wurde 1982 von Harald Preuß gegründet. »Aschenputtel«, »Der Froschkönig« oder »Des Kaisers neue Kleider« stehen auf dem Programm. Bekannt wurde das Theater auch durch Opernaufführungen als Marionettenspiel in verschiedenen Varianten für Kinder und Erwachsene.

Puppentheater Firlefanz in der Sophienstraße

- **Anfahrt:** Mit der U8 bis Weinmeisterstraße sowie mit der S-Bahn oder Tram bis Hackescher Markt.
- **Öffnungszeiten:** Spielzeiten an der Kasse erfragen oder siehe Programm auf der Webseite.
- **Preise:** Kinder- und Familienvorstellungen: Erwachsene 8,- €, Kinder 5,- €. Kinderopern: Erwachsene 10,- €, Kinder 8,- €.
- **Altersempfehlung:** Für Kinder ab 4 Jahre.
- **Info:** Sophienstraße 10, 10178 Berlin, Tel. 030-283 35 60 (Theaterkasse), www.puppentheater-firlefanz.de.

Abenteuer drinnen

Schaubude Berlin Theater

Die Schaubude, gegründet 1993, steht für ein anspruchsvolles Programm und hat sich als Puppen-, Figuren- und Objekttheater für Kinder und Erwachsene einen Namen gemacht.

- **Anfahrt:** Die Schaubude liegt direkt am S-Bahnhof Greifswalder Straße. Hier verkehren die Linien S8 und S41/S42 sowie die Tram M4.
- **Öffnungszeiten:** Spielzeiten an der Kasse erfragen oder siehe Programm auf der Webseite.
- **Preise:** Kindervorstellungen: Erwachsene 6,- €, Kinder 4,- €.
- **Altersempfehlung:** Für Kinder ab 2 Jahre.
- **Info:** Greifswalder Straße 81–84, 10405 Berlin, Tel. 030/423 43 14, www.schaubude-berlin.de.

Die Schaubude

Theater Miraculum – Puppenkomödie Berlin

Seit 20 Jahren erfreut das Theater Miraculum mit künstlerischem Puppenspiel für Kinder und Erwachsene in den Techniken Handpuppen, Marionetten, Schatten und Farbschemen seine kleinen und großen Gäste und nimmt sie mit auf eine unterhaltsame Reise in die Welt der Märchen.

Theater Miraculum

- **Anfahrt:** Mit der U-Bahn U8, mit der Tram M10 oder dem Bus 247 bis Haltestelle U Bernauer Straße.
- **Öffnungszeiten:** Vorstellungen um 10, 11 und 16 Uhr.
- **Preise:** Erwachsene 8,- €, Kinder (bis 13 Jahre) 5,- €.
- **Altersempfehlung:** Für Kinder ab 3 Jahre.
- **Info:** Brunnenstraße 35, 10115 Berlin, Tel. 030/449 08 20, www.miraculum.de.

Theater für Kinder in Berlin

Zaubertheater Igor Jedlin

Seit 25 Jahren existiert das zauberhafte Zaubertheater des großen russischen Zauberkünstlers Igor Jedlin aus Moskau und zieht kleine wie große Zuschauer in seinen Bann. In einer speziellen Nachmittagsvorführung für Kinder »Zauberhits für Kids« werden diese als kleine Assistenten, z. B. um Tiere zu halten, direkt in die Show eingebunden oder können sich verzaubern lassen und werden so in die Traumwelt der Magie entführt.

■ **Anfahrt:** Mit der S-Bahn S5, S7, S9 und S75 bis Charlottenburg oder mit der U-Bahn U7 bis Adenauerplatz. Auch zu erreichen mit den Bussen M19, M29 und 110 bis Lehniner Platz.
■ **Öffnungszeiten:** Nachmittagsvorstellung Do bis So um 15.30 Uhr, Abendvorstellung Do bis Sa um 20 Uhr.
■ **Preise:** Zauberhits für Kids: Erwachsene 12,- €, Kinder (bis 12 Jahre) 7,- €. Wunderwelt der Magie: 19,- €.
■ **Altersempfehlung:** Für Kinder ab 4 Jahre.
■ **Info:** Zaubertheater, Roscherstraße 7, 10629 Berlin, Tel. 030/323 37 77, www.zaubertheater.de.

Hinter diesen Türen wartet die geheimnisvolle Welt der Zauberei.

Abenteuer drinnen

45 Theaterkurse für Kinder am Galli Theater Berlin

Kinder spielen Theater

Spielen ist für Kinder das Schönste überhaupt, sie können sich so stundenlang die Zeit vertreiben. Warum nicht auch einmal auf der Bühne eines richtigen Theaters stehen und vor einem Publikum spielen? Im Galli Theater ist dies möglich.

- **Anfahrt:** Mit der S-Bahn S1, S2 oder S25 bis Oranienburger Straße.
- **Öffnungszeiten:** Alle Kurse finden wöchentlich in der Zeit von 16.30–18 Uhr statt.
- **Preise:** Die Kosten für einen Termin betragen 15,- €, für sieben Termine 90,- €. Info und Anmeldung über das Galli Büro Berlin, Tel. 030/275 969 71. Der Einstieg ist jederzeit möglich.
- **Altersempfehlung:** Theaterkurse für Kinder ab 6 Jahre.
- **Einkehr:** Es gibt viele schöne Cafés und Restaurants in den umliegenden Straßen.
- **Info:** Galli Theater Berlin, Oranienburgerstr.32, 10117 Berlin, Tel. 030/275 969 71, www.galli.de.

Kinder spielen Theater.

Das nette kleine Galli Theater in den Heckmann Höfen im Herzen Berlins besteht seit 2001 und ist eines von mehreren Theatern in Deutschland, die alle nach der Idee und Methode des Gründers Johannes Galli arbeiten. Johannes Galli, Autor, Philosoph, Regisseur, Schauspieler und Trainer machte sich in den 1980er-Jahren auch als Clown europaweit einen Namen. Er brachte seine philosophischen Ideen auf die Bühne und eroberte schnell die Theater- und Kulturszene.

Das Ensemble des Theaters zeigt Clownstheater, Kinder- und Märchentheateraufführungen für Jungen und Mädchen, Präventionstheater sowie

Theaterkurse für Kinder am Galli Theater Berlin

Abendvorstellungen für Erwachsene in Inszenierungen von Johannes Galli. An manchen Tagen stehen auch Stücke in Englisch auf dem Programm, eine Gelegenheit für Kinder, spielerisch und mit Spaß ihre Sprachkenntnisse zu erweitern.

Neben den täglichen Aufführungen bietet das Theater auch wöchentliche Theaterkurse und Trainings für Erwachsene und Kinder an. In den Kursen bereiten Mitarbeiter des Theaters die Kinder mit Bewegungsspielen und Übungen zum Körperausdruck, zur Gestik, Mimik und Sprache auf das spontane Spiel auf der Bühne vor. In den Kursen wird ganz bewusst auf Rollenwechsel für alle teilnehmenden Kinder geachtet. Einmal Prinzessin sein, Rotkäppchen oder doch lieber mal den bösen Wolf spielen? Immer Montags findet für Kinder im Alter von 6 bis 11 Jahren der Workshop »Kinder spielen Theater« statt. Verschiedene klassische Märchen wie »Sterntaler«, »Hänsel und Gretel« oder »Rotkäppchen« werden eingeübt. Am Dienstag gibt es »Spielend Englisch lernen« und am Mittwoch die Jugendschauspielschule. Zum Abschluss eines jeden Kinderkurses gibt es als Krönung eine kleine Theateraufführung für Eltern, Geschwister, Oma und Opa sowie Freunde im Theater. Die Gäste applaudieren und die Kinder strahlen. Im Anschluss feiern sie noch ein kleines Fest.

Die Kurse und Workshops ermöglichen Kindern, neue Erfahrungen zu sammeln, und sind zugleich ein tolles Erlebnis. Sich zu verkleiden und zu schminken und in unterschiedliche Rollen zu schlüpfen, um sich auszuprobieren, macht einfach ungeheuer Spaß. Die Kinder lernen, ihre Gefühle auszudrücken und das Spiel fördert die kindliche Kreativität und stärkt das Selbstvertrauen.

Sich selbst ausprobieren macht Spaß.

Tipp
Das Galli Theater richtet auch Kindergeburtstage und eine Gespensternacht im Galli aus, führt Theaterprojekttage durch und bietet Ausflüge mit Theaterspiel zum Beispiel zum Schloss Charlottenburg oder in den Zoo Berlin an.

Abenteuer drinnen

46 Der Kindercircus der ufaFabrik Berlin

Manege frei!, so heißt es einmal im Jahr beim Kindercircusfestival für Groß und Klein

Bälle fliegen durch die Luft, eine Gruppe von lustig geschminkten Kindern in bunten Kostümen zeigt gewagte Akrobatik und ein Breakdancer bring die Bühnenbretter zum Zittern. Die Stimmung ist großartig, das Publikum applaudiert begeistert und ausgelassenes Lachen ist zu hören.

Wir sind Gäste bei der rasanten Show der Kids beim Kindercircusfestival in der ufaFabrik. Ein Vergnügen für die ganze Familie – Kinder wie Eltern! In Zusam-

Kleine Akrobatin

- ■ **Anfahrt:** Mit der U6 bis Ullsteinstraße. Mit dem Bus 170 bis Tempelhofer Damm/ U Ullsteinstraße oder mit dem Bus 246 bis Attilaplatz, mit den Nachtbussen N84 und N6 bis Tempelhofer Damm /U Ullsteinstraße oder Attilaplatz.
- ■ **Öffnungszeiten:** Das Gelände ist offen zugänglich. Zeiten für Kurse bitte erfragen. Der Kinderbauernhof ist Mo bis Fr von 12–18 Uhr für Kinder (6–14 Jahre) und von 16–18 Uhr für Familien mit Kindern und Besucher sowie Sa, So und Feiertage von 12–15 Uhr geöffnet. Von Nov. bis März schließt der Hof um 17 Uhr. Montags haben die Tiere Ruhetag.
- ■ **Preise:** Die Kurse kosten in der Regel 11,- € monatlich.
- ■ **Altersempfehlung:** Die Kurse der Kindercircusschule richten sich an Kinder und Jugendliche im Alter von 4–16 Jahre.
- ■ **Einkehr:** Im Café Olé auf dem Gelände der ufaFabrik, geöffnet Mo bis So 10–22 Uhr.
- ■ **Info:** ufaFabrik Berlin, Internationales Kulturzentrum, Viktoriastraße 10–18, 12105 Berlin, Tel. 030/755 031 37 (ufaCircus und ufaKindercircus), www.ufafabrik.de.

Der Kindercircus der ufaFabrik Berlin

menarbeit mit den Akteuren und Musikern des ufaFabrik Circus präsentieren die Kinder und Jugendlichen das Ergebnis ihrer ganzjährigen Arbeit. Hervorgegangen ist der Kindercircus aus dem ufaFabrik Circus, der 1979 gegründet wurde und heute unverwechselbar zur ufaFabrik gehört. Von Anfang an kein traditioneller Circus, wird ein Programm aus Varieté, Kabarett und Musik gezeigt.

In der Kindercircusschule der ufaFabrik trainieren Jungen und Mädchen im Alter von 4 bis 16 Jahren unter Anleitung aktiver und professioneller Artisten. Die Trainings sollen den Kindern vor allen Dingen Spaß machen, und wenn sie im Laufe der Zeit entdecken, was sie alles können, wachsen sie stolz über sich hinaus. Auch Kreativität und Teamgeist entwickeln sich in den Übungsstunden. So genießen die Circuskids gemeinsam den großen Auftritt auf dem Kindercircusfestival und den Applaus für die harte und oft schweißtreibende Arbeit.

Nachwuchs ist stets willkommen. In regelmäßigen Kursangeboten und Workshops werden zirkusbegeisterte Kinder und Jugendliche in Akrobatik, Clownerie und Kugellauf unterrichtet und die Kids lernen Einrad fahren, Jonglieren oder Zaubern. Auch Trommelworkshops und Breakdance werden angeboten. In konzentrierter Atmosphäre trainieren die Kinder einmal wöchentlich. In den Jonglierkursen fliegt alles durch die Luft, was nicht niet- und nagelfest ist. Zu Beginn sind es Bälle und Tücher, später kommen Diabolos, Keulen und Teller hinzu. Es ist alles nur eine Frage der Übung. Einige Kinder üben sich im Balancieren und Laufen auf großen bunten Kugeln und andere vollführen Flickflacks, Handstand und Saltos, als wäre dies das Einfachste auf der Welt.

> **Tipp**
> Im Circus Cabuwazi können Kinder und Jugendliche von 9 bis 18 Jahren bei einem offenen Training kostenlos Zirkusluft schnuppern. Standorte in Kreuzberg, Treptow, Marzahn und Altglienicke, siehe www.cabuwazi.de.
> Der Juxirkus bietet seit 15 Jahren ebenfalls ein offenes Training an. Die Kinder üben sich in Akrobatik, Einrad fahren und Jonglieren und können lernen, auf einem Hochseil zu balancieren oder am Trapez zu turnen, siehe www.juxirkus.de.

Vor oder nach dem Training können die Kids noch bei den Tieren auf dem Kinderbauernhof vorbeischauen. Die Ponys, Kaninchen, Frettchen und Schweine freuen sich über Besuch und Streicheleinheiten.

Abenteuer drinnen

47 Magic Mountain
Die atemberaubende Kletterhalle in Berlin

Klettern ist für sportbegeisterte Kinder ein super Freizeitspaß. Ein Besuch in der Kletterhalle bietet sich besonders im Winter oder an Regentagen an, wenn es draußen zu kalt oder zu nass ist, um auf Bäume und Mauern zu klettern oder auf Spielplätzen herumzuturnen.

- **Anfahrt:** Mit der S-Bahn S1, S2, S25, S41, S42 bis Gesundbrunnen oder mit der S1, S2 und S25 bis Humboldthain. Mit U-Bahn U8 bis Gesundbrunnen oder Pankstraße. Auch mit dem Bus 247 bis Humboldtsteg.
- **Öffnungszeiten:** Mo, Di, Mi und Fr 12–24 Uhr, Do 10–24 Uhr und Sa, So sowie Feiertage 10–22 Uhr.
- **Preise:** Tageskarte: Erwachsene 14,- €, Schüler 7,- €.
- **Altersempfehlung:** Zur Teilnahme an den Kursen sollten Kinder mindestens 6 Jahre alt sein. Einen Kletterschein können die Kinder erst ab 10 Jahren machen.
- **Einkehr:** Im Café oder Biergärten in der Kletterhalle.
- **Info:** Magic Mountain, Böttgerstraße 20–26, 13357 Berlin, Tel. 030/887 15 79-0, www.magicmountain.de.

Die Kletterhalle Magic Mountain im Herzen von Berlin ist zwar nicht mit der realen Bergwelt zu vergleichen, doch lässt es sich auch hier richtig gut klettern. Es warten vielfältige Herausforderungen. In der riesigen Halle ragen bis zu 15 Meter hohe Kletterfelsen, von denen Seile herabhängen, in die Höhe. Verschiedene Kletterrouten unterschiedlicher Schwierigkeitsgrade sind farblich gekennzeichnet und versprechen für Anfänger wie Profikletterer Adrenalin pur. Bei diesem Anblick wird klar: Ein Besuch in der Kletterhalle kann zum wahren Großstadtabenteuer werden.

Neben dem Angebot für Erwachsene und Kletterprofis gibt es Kletterkurse für Kinder und Schnupperklettern zum Ausprobieren. Beim Familienklettern für sportliche Eltern und Kinder müssen die Erwachsenen auch mit ran und zeigen, was sie können. Vorkenntnisse sind nicht notwendig, denn für die Kleinen ist das Klettern in der Halle zwar ein aufregendes, aber auch immer sicheres Erlebnis. Beim Klettern werden die Kinder von Trainern an einem Seil gesichert. Das Klettern stärkt nicht nur das Selbstvertrauen und die Konzentrationsfähigkeit der Jungen und Mädchen, sondern schult

Magic Mountain

gleichzeitig auch die physischen Fähigkeiten wie Gleichgewicht und Koordination. Spielerisch können die Kids ihre Grenzen austesten, ohne dass der Spaß an der Sache zu kurz kommt.

Einen Kindergeburtstag in der magischen Erlebnis-Bergwelt der Kletterhalle zu feiern ist ein ungewöhnlicher Spaß, den die Kinder bestimmt nicht so schnell vergessen werden. Bevor es an die Wand geht, gibt es eine Sicherheitseinweisung und alle üben das richtige Anlegen und Bedienen der Gurte. Sitzt alles richtig und sind die Kletterschuhe geschnürt, wird der erste Berg mit viel Begeisterung und Ehrgeiz angegangen. Der »Sprung in die Grotte« ist der krönende Abschluss der Geburtstagskletterpartie und verlangt den Klettermaxen einigen Mut ab, doch hinterher leuchten die Augen und strahlen die Gesichter. Stärken können sich die Kinder während und nach der Feier mit Schokomuffins und Fruchtgetränken. An das aufregende Kletterabenteuer werden die Kids bestimmt noch lange denken. So richtig ausgepowert fallen sie abends hundemüde, aber glücklich in ihre Betten.

Felsen erklimmen

> **Tipp**
> Das Birthday-Party-Angebot bietet 90-minütiges Klettern für kleine Gruppen von maximal sechs Kindern im Alter von 6 bis 15 Jahren je Klettertrainer. Inbegriffen sind Eintritt, Ausrüstung und ein Geburtstagstisch. Sportschuhe bitte mitbringen, es können auch Kletterschuhe für 3,- € geliehen werden. Kosten für die Kindergeburtstagskletterpartie Mo bis Do 90,- € und Fr, Sa und So 108,- €.

Abenteuer drinnen

48 Indoor-Freizeitpark Jacks Fun World Berlin

Spiel und Spaß für die ganze Familie

Wenn es draußen nass und kalt ist und die schönen Spielplätze der Stadt so gar nicht zum Spielen locken, sind Indoor-Spielplätze eine gute Alternative. Denn Kinder brauchen Bewegung, auch bei schlechtem Wetter und im Winter.

- **Anfahrt:** S25 Eichborndamm. U6 Bahnhof Holzhauser Straße oder U8 bis Bahnhof Rathaus Reinickendorf. X33 Haltestelle Miraustraße.
- **Öffnungszeiten:** Di bis Fr 14–19.30 Uhr, Sa, So, Ferien und Feiertage 10–19 Uhr. In den Ferien und an Feiertagen auch montags geöffnet.
- **Preise:** Erwachsene (inkl. 1x Minigolf) 3,- €. Kinder: Di bis Fr 4,- € (Jacks Easy Ticket) oder 10,- € (Jacks Fun Ticket), Sa, So, Ferien und Feiertage 7,- € (Jacks Easy Ticket) oder 14,50 € (Jacks Fun Ticket).
- **Altersempfehlung:** Kleinkindbereich ab Krabbelalter. Für Kinder bis 12 Jahre.
- **Einkehr:** Im Indoor-Freizeitpark.
- **Info:** Jacks Fun World Berlin, Miraustraße 38, 13509 Berlin, Tel. 030/419 002-42, www.jacks-fun-world.de.

Volle Fahrt voraus!

Die große Piraten-Abenteuerlandschaft des Indoor-Spielplatzes Jacks Fun World bietet vielfältige Angebote und Attraktionen, Spiel und Spaß für die ganze Familie. Die Kinder können sich hier so richtig austoben und nach Herzenslust hüpfen, klettern, rennen, rutschen, springen und herumtollen. Im Indoorbereich warten auf 4000 Quadratmetern Fläche herrliche Spielangebote. Gleich am Eingang steht eine riesengroße Kletteranlage, die von den Kindern sofort gestürmt wird. Auf vielen tollen Abteilungen

Indoor-Freizeitpark Jacks Fun World Berlin

und Ebenen wie Kletternetzen, acht Meter langen Tunnelrutschen, Ballpool, Kriechtunnel, Hängebrücke, Ball-Kanonen, Softboden und Dunkelkammer turnen sie umher oder erklimmen das Piratenschiff. Auf einem kleinen Teich, dem Piratenbecken, können die Kinder sogar selbst Kapitän sein, Matrose oder Pirat spielen und in kleinen Bumperbooten über das Wasser steuern. An einer fast 100 Meter langen Seilbahn schweben die Mädchen und Jungen in acht Metern Höhe durch die Halle.

Ob auf der Hüpfburg, auf der die Kleinen hüpfen bis zum Umfallen, beim Rutschen durch die Riesen-Röhren-Rutsche, beim Springen auf den Trampolinanlagen oder beim Salto üben auf dem Bungee-Trampolin, die Kinder werden sicherlich ihren Spaß haben und den ganzen Tag über ausgelassen spielen.

Eine Go-Cart-Anlage, eine 18-Loch-Minigolfanlage, ein Mini-Fußballplatz und eine Kindereisenbahn, die auf einem 300 Meter langen Schienenrundkurs durch die Halle fährt, runden das vielfältige Spielangebot ab. Für die Allerkleinsten gibt es Jacks Miniworld. Hier können Kleinkinder und Kinder bis 4 Jahre krabbeln, sich vergnügen und im Bällebad wälzen. Im Outdoorbereich gibt es noch eine kleine Rodelbahn.

Vom Spielen und Toben durstige und hungrige Kinder können sich mit ihren Eltern im »Straßencafé« oder im Piratenrestaurant »Mc Jack« stärken oder zwischen den Spielen mal eine kleine Verschnaufpause einlegen und sich in einem ruhigen Eckchen etwas ausruhen. An Computern können ganz in Ruhe lustige und pädagogisch wertvolle Lernspiele gespielt werden.

An den Wochenenden wird zusätzlich eine bunte Bühnenshow mit Animationsprogramm geboten und für Kindergeburtstagsfeiern kann zwischen Piratenraum, Spidermanraum, Disneyraum oder dem Dschungelbuchraum gewählt werden.

> **Tipp**
> Donnerstag ist Familientag! Das Jacks Fun Ticket kostet dann nur 7,50 € und Eltern haben freien Eintritt beim Kauf eines Tickets für das Kind. Dieses Angebot gilt nicht in den Ferien und an Feiertagen.
> Im Bambooland Berlin gehen die Kinder auf Entdeckungsreise. Zwischen Dschungelpfaden, Geisterhöhlen und Spinnennetzen, Palmen und Sandstrand, Wasserkanälen und Pandafiguren wartet eine aufregende Spielwelt. Info: Goerzallee 218, 14167 Berlin, Tel. 030/862 038 88, www.bamboo-land.de, Tageskarte für Erwachsene 3,50 €, für Kinder 7,95 €.

Abenteuer drinnen

49 Die Biosphäre in Potsdam

Ein Erlebnisausflug in die vielfältige Welt des Regenwalds

Vögel zwitschern in den Bäumen, bunte Papageien fliegen umher, Regen rauscht und prasselt auf die Blätter. Nebel wabert durch das Dickicht und ruft eine geheimnisvolle Stimmung hervor. Von der Stirn rinnen erste Schweißtropfen.

- **Anfahrt:** Von Berlin kommend mit der S 7 oder dem RE 1 bis Potsdam Hauptbahnhof, dann mit Tram 92 oder 96 bis Campus Fachhochschule.
- **Öffnungszeiten:** Mo bis Fr 9–18 Uhr (letzter Einlass 16.30 Uhr), Sa, So und Feiertage 10–19 Uhr (letzter Einlass 17.30 Uhr).
- **Preise:** Kinder (5–13 Jahre) 6,50 €, Erwachsene 9,50 €, Familienkarte (2 Erw. mit bis zu 3 Kindern) 28,- €.
- **Altersempfehlung:** Für Kinder ab 5 Jahre.
- **Einkehr:** Im luftig gelegenen Tropencamp oder im Restaurant Luncheon.
- **Info:** Biosphäre Potsdam, Georg-Hermann-Allee 99, 14469 Potsdam, Tel. 0331/ 55 07 40, www.biosphaere-potsdam.de.

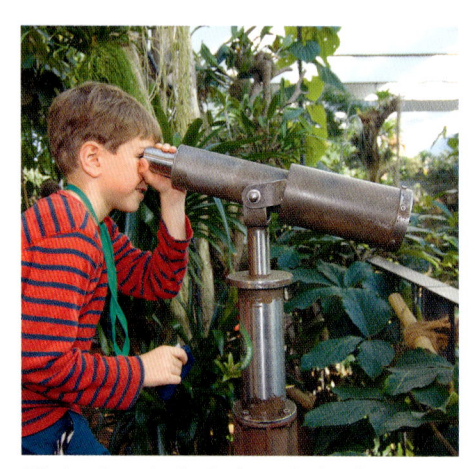

Mit dem Fernrohr den Dschungel erforschen

In der Biosphäre Potsdam herrschen ständig angenehme tropische Temperaturen zwischen 23 und 28 Grad Celsius und eine hohe Luftfeuchtigkeit von fast 80 Prozent. So lohnt besonders im Winter ein Besuch, wenn die Temperaturen draußen frostig sind. Doch auch in der wärmeren Jahreszeit ist der Tropengarten ein schönes Ausflugsziel und kann mit einem wunderbaren Spaziergang durch den Volkspark Potsdam, an dessen Haupteingang die Biosphärenhalle liegt, verbunden werden. Zudem befinden sich auf dem Gelände des 2001 für die Bundesgartenschau herge-

Die Biosphäre in Potsdam

richteten Parks verschiedene tolle Spielplätze und Freizeitgestaltungsmöglichkeiten, die Familien zum Verweilen einladen.

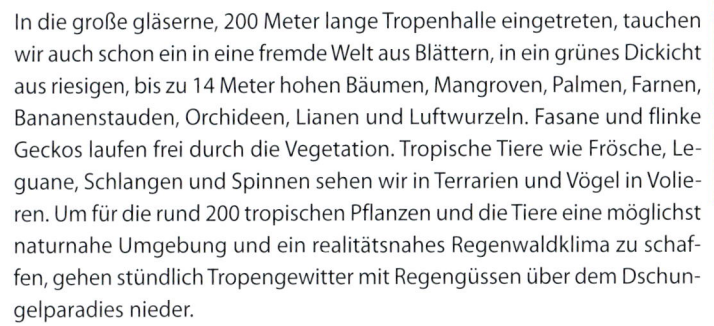

In die große gläserne, 200 Meter lange Tropenhalle eingetreten, tauchen wir auch schon ein in eine fremde Welt aus Blättern, in ein grünes Dickicht aus riesigen, bis zu 14 Meter hohen Bäumen, Mangroven, Palmen, Farnen, Bananenstauden, Orchideen, Lianen und Luftwurzeln. Fasane und flinke Geckos laufen frei durch die Vegetation. Tropische Tiere wie Frösche, Leguane, Schlangen und Spinnen sehen wir in Terrarien und Vögel in Volieren. Um für die rund 200 tropischen Pflanzen und die Tiere eine möglichst naturnahe Umgebung und ein realitätsnahes Regenwaldklima zu schaffen, gehen stündlich Tropengewitter mit Regengüssen über dem Dschungelparadies nieder.

Die Exkursion in den Dschungel beginnt an einem Pfad, der über eine Brücke führt. Hier stürzt ein zwölf Meter hoher Wasserfall rauschend in einen Teich. Der Rundweg, von einem Wasserlauf begleitet, führt nun tiefer in die fantastische tropische Fauna und Flora der beeindruckenden Halle hinein. Von frei fliegenden farbenfrohen Vögeln und Schmetterlingen be-

In der Biosphäre gibt es für die ganze Familie viel zu entdecken.

Abenteuer drinnen

Interaktive Duftstation

gleitet, folgen wir dem Pfad vorbei am Mangrovensumpf, durch einen Palmenhain bis zu einer Schamanenhütte. Weiter geht es durch einen Ficuswald zur Höhle der Fledermäuse. Leuchtend bunte Tropenfische sind in einer Unterwasserwelt in einem alten U-Boot zu sehen. Am Ende des Rundwegs führt eine Treppe hinauf zum luftigen Höhenweg. Von den zwei Aussichtsplattformen bietet sich ein toller Blick über das grüne Blätterdach in der Tropenhalle. Hier oben können sich hungrige Entdecker und Forscher im Tropencamp stärken, bevor sie sich ins nächste Abenteuer stürzen. Entlang dem Pfad gibt es rund 20 Informationsstationen zum Lesen, Ausprobieren und Mitmachen.

Die Biosphäre ist eine einzigartige Naturerlebniswelt für die ganze Familie. Auf 70 Quadratmetern ist eine einmalige Welt entstanden, in der Kinder staunen und viel Neues entdecken können. Anschaulich und kindgerecht wird viel Wissenswertes über einen der faszinierendsten Lebensräume der Erde und eines der wichtigsten Ökosysteme unseres Planeten, den bedrohten tropischen Regenwald, vermittelt. Die Er-

> **Tipp**
> Sie oder Ihr Kind möchten einen Kindergeburtstag in der Biosphäre feiern? Dann können Eltern und Kinder zwischen verschiedenen Aktionspaketen wählen. Die Aktionspakete »Dschungelabenteuer« oder »Schatzsuche« werden dem Alter der Kinder angepasst. Die Kinder werden von einem fachkundigen Mitarbeiter angeleitet und besuchen einige Stationen im Tropengarten. Ein besonderes Angebot ist die Tour durch den nächtlichen Dschungel »Blasrohr, Floß und Feuerstein – Überleben im Dschungel«, bei der die Kinder ein geheimnisvolles Rätsel lösen.

Die Biosphäre in Potsdam

lebniswelt ist mit viel Hightech ausgestattet und so angelegt, dass sie Kinder und Jugendliche zum Entdecken und Erforschen einlädt. Unter dem Motto »Lernen durch Mitmachen« können Kinder Moose unter Lupen anschauen oder sich mit Fernrohren, Monitoren und Hörrohren der Natur nähern und ihre Sinne schärfen. Hier wird Umweltbildung durch Erlebnismomente spielerisch und unterhaltsam vermittelt und die Faszination für die Wunder der Natur geweckt. Wechselnde Ausstellungen rund um das Thema Natur sind in den Rundgang durch die gläserne Tropenhalle eingebunden. Zudem werden Filme gezeigt. In einem Luftschiff des Fürsten Hermann von Pückler-Muskau wird ein Flug über Potsdam simuliert.

Ein besonderes Highlight der Biosphäre ist das 2009 eröffnete 60 Quadratmeter große begehbare Schmetterlingshaus. Hier flattern und schweben Schmetterlinge aus Asien und Lateinamerika. 20 verschiedene Arten beglücken uns mit ihren leuchtenden Farben und schillernden Flügeln. Himmelsfalter mit irisierenden blauen Flügeln, gelb-schwarz gestreifte Zebrafalter und große Bananenfalter können bewundert werden. Mit etwas Glück kann auch das Schlüpfen eines Schmetterlings beobachtet werden. Anschaulich können Kinder die Entwicklung eines Schmetterlings vom Ei über die Raupe zur Verpuppung bis hin zum Schlüpfen eines farbenprächtigen Falters aus dem Kokon nachvollziehen.

Dschungelquiz

Abenteuer drinnen

50 Das Exploratorium Potsdam

Experimentieren – wenn's pufft, qualmt, raucht und zischt!

Das 2004 ins Leben gerufene Exploratorium ist ein »Mitmachmuseum« für kleine Forschergeister. Mit Spaß und Spiel kann hier die Welt der Naturwissenschaften entdeckt werden.

- **Anfahrt:** S-Bahn: S1 bis Griebnitzsee, dann mit dem Bus 696 bis Bahnhof Medienstadt Babelsberg. Regionalbahn: bis Bahnhof Medienstadt Babelsberg. Bus: 601, 618, 619, 690, 696 bis Bahnhof Medienstadt Babelsberg.
- **Öffnungszeiten:** Di bis Do 8.30–18 Uhr, Fr 8.30–19 Uhr, Sa, So 10–18 Uhr, Ferien und Feiertage Mo bis So 10–18 Uhr.
- **Preise:** Erwachsene 7,30 €, Kinder 5,80 €, Familienkarte (2 Erw. mit bis zu 3 Kindern) 25,- €. Die Teilnahme an Experimenten (30 Min.) zzgl. 3,- €.
- **Altersempfehlung:** Kinder ab 5 Jahre.
- **Info:** Exploratorium Potsdam (Am Bahnhof Medienstadt), Wetzlarer Str. 46, 14482 Potsdam, Tel. 0331/877 36 28, www.exploratorium-potsdam.de.

Die große interaktive Erlebnisausstellung des Kindermuseums in Babelsberg lädt unter dem Titel »Mitmachen, Staunen, Verstehen« zu einer begeisternden und spannenden Entdeckungsreise in das Reich der Wissenschaften ein. Die Idee ist, Kinder für die phänomenale Welt der Naturwissenschaften und der Technik zu begeistern. Chemie, Physik und Mathematik sind nicht länger staubtrockener Unterrichtsstoff. Faszination soll Interesse wecken und Neugier fördern.

Lustige Experimente

In der Ausstellung können und sollen alle 130 Exponate von den Kindern angefasst, eigenständig ausprobiert, erkundet und bestaunt werden. Geometrische Knobelaufgaben, Kugeln, die bergauf rollen, optische Täu-

Das Exploratorium Potsdam

schungen, Schallübertragung mit Parabolantennen, Stromerzeugung mit den Händen oder den eigenen Schatten einfrieren sind nur einige der Experimente in der Ausstellung. Besonders Spaß macht den Kindern, Schokoküsse im Vakuum platzen zu lassen oder mit einem Flaschenzug kinderleicht einen roten Trabbi hochzuziehen. Spielerisch und von Tutoren unterstützt, erfahren Kinder Antworten auf Fragen wie zum Beispiel: Wie entstehen Bilder im Kopf? Wie hebt man enorme Lasten? Was kann man mit Luftdruck bewirken?

Zusätzlich zu der Ausstellung können die Kinder in wechselnden Experimentierkursen im Museumslabor und unter Anleitung eines Tutors selbst forschen. Die Gruppen sind klein und die Kurse dauern 30 Minuten. Angeboten werden verschiedenste anschauliche Experimente zu Film und Fernsehen, Alchemie zur Faschingszeit oder ein Kurs zum Thema Naturkatastrophen. Hier erzeugen die Kinder selbst kleine Tornados.

Im Exploratorium Potsdam

Ein neues Angebot bietet auch Eltern die Möglichkeit, den eigenen Wissensdurst zu stillen und besser auf die Fragen der Kleinen antworten zu können. Im Projekt »Lernort Familie« besuchen Eltern und Kinder getrennte Experimentierkurse und erkunden im Anschluss gemeinsam die Experimentierstationen in der Ausstellung des Museums.

In den Sommerferien können kleine Forscher zwischen 6 und 14 Jahren spannende Wissenschaftstage im Science Camp erleben. Wissenschaftler und Museumsmitarbeiter bieten Kurse zum Brücken- oder Instrumentenbau sowie eine Erfinderwerkstatt an und die Kinder bauen Solarzellen oder ein Piratenfloß.

Schwimmen und Baden macht der ganzen Familie Spaß

Schwimmbäder und Badeseen

Schwimmbäder und Badeseen

Freizeitbäder und Badegewässer

Schwimmen und Baden in und um Berlin

Berlin bietet viele Möglichkeiten, pures Badevergnügen zu genießen. In fast allen Berliner Seen und in der Havel wird gebadet, und es gibt viele wilde Badestellen. Die Wasserqualität wird jedes Jahr geprüft und ist in der Regel sehr gut. Zudem gibt es in der Stadt rund 60 Frei- und Hallenbäder. Im Folgenden haben wir für Sie die schönsten und familienfreundlichsten Badestellen und Bäder in der Stadt zusammengestellt.

Badestellen an Seen und an der Havel

Die Krumme Lanke und der Schlachtensee sind Seen der Grunewaldseenkette im Südwesten von Berlin.

■ **Krumme Lanke**
Fischerhüttenstraße 141, 14163 Berlin. In 10 Min. zu Fuß vom U-Bahnhof Krumme Lanke (U3) zu erreichen.

■ **Schlachtensee**
Am Schlachtensee 1, 14129 Berlin. Der See liegt direkt am S-Bahnhof Schlachtensee (S1).

■ **Unterhavel am Grunewaldturm**
Havelchaussee 61, 14193 Berlin. Badestelle mit Sandstrand.

Strand- und Freibäder

■ **Kinderbad Monbijou**
Oranienburger Straße 78, 10178 Berlin, Tel. 030/282 86 52. Ein kleines Kinderfreibad mit Liegewiese, Kiosk und Eisverkauf mitten im Stadtzentrum. Hier dürfen nur Kinder bis 15 Jahre baden und planschen. Die Eltern schauen entspannt zu und ein Bademeister gibt acht.

Freizeitbäder und Badegewässer

Sommerlicher Badespaß an der Krummen Lanke

■ Sommerbad Humboldthain
Wiesenstraße 1, 13357 Berlin, Tel. 030/464 49 86. Großes Freibad im Volkspark Humboldthain mit multikulturellem Publikum. Umgeben von hohen, schattenspendenden Bäumen gibt es ein 50-Meter-Becken und eine 7-Meter-Röhrenrutsche, eine Sprunganlage sowie ein Planschbecken im Nichtschwimmerbereich. Auf Kinder wartet noch ein Spielplatz. An einem Kiosk können sich die kleinen Wasserratten mit Eis und Snacks versorgen.

■ Sommerbad Pankow
Am Schlosspark 34, 13178 Berlin, Tel. 030/474 972 20. Ein großes Freibad mit 50-Meter-Schwimmbecken, Sprungbecken mit einem 5 Meter und 7,5 Meter hohen Sprungturm, Kinderplanschbecken, zwei Rutschen, High-Speed-Rutsche und Beachsportanlage.

■ Freibad Lübars
Am Freibad 9, 13469 Berlin, Tel. 030/402 60 50. Tolles Sommerbad mit Sandstrand, Strandkörben, Liegewiese, Badeinsel, Stegen, Sprunganlage mit 1-, 3- und 5-Meter-Brett, mehreren Rutschen, einem Kinderspielplatz, Restaurant und Imbiss.

■ Flussbad Krokodil
Gartenstraße 46, 12557 Berlin, Tel. 030/658 800 94. Kleines nettes Bad am Ufer der Dahme im Südosten von Berlin. Das erste Flussbad eröffnete hier

Schwimmbäder und Badeseen

Flussbad Krokodil an der Dahme

bereits 1897. Es gibt einen Sandstrand und einen Bootsverleih sowie einen Bademeister, der nach dem Rechten sieht.

■ Strandbad Grünau
Sportpromenade 5, 12527 Berlin, Tel. 030/674 35 76. Schönes Strandbad mit Sandstrand, Liegewiese, FKK-Teilbereich, Steg mit Turm, Restaurant und Imbiss.

■ Strandbad Wannsee
Wannseebad 5, 14129 Berlin, Tel. 030/803 56 12. Das älteste und größte der Berliner Strandbäder. Die Badegäste erwartet ein 1 Kilometer langer weißer Sandstrand. Schattenspendende Strandkörben stehen bereit. Zudem gibt es Basketball, Volleyball und Tischtennis, Cafés, Imbisse und einen Bootsverleih.

■ Strandbad Müggelsee
Fürstenwalder Damm 838, 12589 Berlin, Tel. 030/6557-550. Am langen Sandstrand des größten Sees der Stadt lässt sich prima ein heißer Sommertag verbringen. Das Ufer fällt flach ab, sodass kleine Kinder gefahrlos nahe am Wasser buddeln und spielen können. Ein Bootsverleih und Strandkörbe warten. Achtung, keine Wasserwacht!

■ Strandbad Weißensee
Berliner Allee 155/Uferpromenade am Weißen See, 13088 Berlin. Recht kleines und doch sehr schönes Strandbad. An einem sehr sauberen Sandstrand lässt es sich gemütlich planschen.

Schwimmbäder

■ Aquamarina Warmwasser-Schwimmbad
Neumannstraße 98b, 13189 Berlin, Tel. 030/471 67 30. Ein nettes kleines Schwimmbad mit 32 Grad warmem Wasser. Neben dem öffentlichen

Freizeitbäder und Badegewässer

Badebetrieb finden hier auch Babyschwimmen, Schwimmkurse für Kinder und Kleinkinder sowie Kleinkindsauna statt.

■ Bad am Spreewaldplatz
Wiener Straße 59 H, 10999 Berlin, Tel. 030/695 35 20. Schönes Schwimmbad mit 25-Meter-Becken, Wellen- und Kinderbecken, Tauch- und Sprungbecken, Rutsche, Whirlpools, Sauna und Bistro. Wassertemperatur 28 Grad.

■ Erlebnisbad Turm Oranienburg
André-Pican-Straße 42, 16515 Oranienburg, Tel. 0180/316 21 62. Das Erlebnisbad wartet auf mit einem 400 Quadratmeter großen Wellenbecken, Wassersprudeln, Strömungskanal, einer über 80 Meter langen Black-Hole-Wasserrutsche mit spannenden Licht- und Soundeffekten, einer Langnese-Turbo-Rutsche und einem Wasserspielgarten für die Kleinen.

■ Kinderbad Plantsch
Max-Herrmann-Straße 7, 12687 Berlin, Tel. 030/930 99 71. Ein schönes Schwimmbad auch für Eltern mit kleinen Kindern, die noch nicht schwimmen können. Es gibt ein Kinderbecken und eine Wassergrotte mit Wasserfall.

■ Kombiniertes Bad Gropiusstadt
Lipschitzallee 31, 12351 Berlin, Tel. 030/603 20 74.

■ Kombiniertes Bad Mariendorf
Ankogelweg 95, 12107 Berlin, Tel. 030/740 678 31.

■ Paracelsusbad Reinickendorf
Roedernallee 200/204, 13407 Berlin, Tel. 030/498 776 13.

■ Stadtbad Schöneberg
Hauptstraße 39, 10827 Berlin, Tel. 030/780 99 30.

■ Stadtbad Tempelhof
Görtzstraße 14–18, 12099 Berlin, Tel. 030/756 027 54.

**Genauere Informationen erhalten Sie im Internet unter
www.berlinerbaederbetriebe.de und www.berlin.de/orte/schwimmbad.**

Feste und Kinderevents

In Berlin ist zu jeder Jahreszeit was los!

137

Feste und Kinderevents

Feste und Veranstaltungen

In Berlin ist immer etwas los. Zu jeder Jahreszeit gibt es spannende Feste und Veranstaltungen für Familien und Kinder.

Januar, Februar, März
- Lange Nacht der Museen (mit Kinderveranstaltungen), www.lange-nacht-der-museen.de
- Internationale Filmfestspiele (Berlinale) mit Kinderfilmfest, www.berlinale.de
- Musikfestival Klangwelten, www.landesmusikakademie-berlin.de
- Faschingsumzug, www.karnevals-zug-berlin.de
- Internationales Kinderfest

April, Mai, Juni
- Karneval der Kulturen mit Kinderkarnevalsparade, www.karneval-berlin.de
- Jonglierconvention im FEZ in der Wuhlheide, www.circulum.de
- Langer Tag der Stadtnatur, www.langertagderstadtnatur.de
- Lange Nacht der Wissenschaften (immer mit vielfältigem Kinderprogramm), www.langenachtderwissenschaften.de
- Fête de la musique am 21. Juni, www.fetedelamusique.de

Juli, August, September
- Gauklerfest, www.gauklerfest.de
- Internationales Straßentheater Festival »Berlin lacht« (Eintritt frei!), www.berlin-lacht.com

Fantasievolle Straßenparade

Feste und Veranstaltungen

Bunte Kostüme beim Karneval der Kulturen

- Sandsation, www.sandsation.de
- Lange Nacht der Museen, www.lange-nacht-der-museen.de
- Fledermausfest auf der Zitadelle Spandau, erstes Septemberwochenende, www.bat-ev.de

Oktober, November, Dezember
- Märchentage, www.maerchenland-ev.de
- Markt der Kontinente (mit Kinderveranstaltungen), www.smb.museum
- Weihnachtsmärkte auf der Domäne Dahlem, www.domaene-dahlem.de
- Weihnachtsmarkt im Jagdschloss Grunewald, www.spsg.de

Register

4D-Actionkino 69

A

Abenteuer- und Bauspielplatz KUHFUß 44
Abenteuerspielplatz 32
Abenteuerspielplatz Forcki 45
Abenteuerspielplatz Marie 45
Alt-Lübars 61
Aqua Dom 84
Aquamarina Warmwasser-Schwimmbad 134
Archenhold-Sternwarte 88
Atomschutzbunker 83
Audioguide 22
Aussichtsturm 67

B

Bad Gropiusstadt 135
Bad Mariendorf 135
Bad Spreewaldplatz 134
Bambooland 123
Berlinische Galerie 107
Bisphäre 124
BMX-Sandbahn 43
Botanische, ornithologische Führungen 49
Botanischer Garten 30, 49
Brachiosaurus brancai 92
Britzer Mühle 51
Britzer-Museumsbahn 50
Bundestag 15
Bunte Schokowelt 81
BVG-Cabrio-Tunnelfahrt 77
BVG-Fähre 62

C

Circus Cabuwazi 119

D

Dampferfahrt 20
Deutsches Technikmuseum 96
Die Kochkiste 29
Discovery Tours MauerGuide 24
Domäne Dahlem 28

E

Erholungspark Britzer Garten 48 ff.
Erholungspark Marzahn 52
Erlebnisbad Turm Oranienburg 134
Erntedankfest 29
Ethnologisches Museum 107
Exploratorium 128

F

Familienfarm Lübars 60
Fernsehturm 15
Filmpark Babelsberg 68 f.
Fledermausführungen 56
Floßtouren 55
Flussbad Krokodil 133
Fossilien 46
Freibad Lübars 133
Freilandlabor Britz e.V. 49
Freizeit- und Erholungspark Lübars 61

G

Galli Theater 116
Gärten der Welt 52
Geologische Exkursion 47
Geschichtsmeile Berliner Mauer 25
Grips Theater 111
Grunewald 38 ff.
Grunewaldturm 40
Gruselkabinett 74
Gutshaus 63
Gutspark Neu-Kladow 63

Register

H
Hans Wurst Nachfahren 112
Havel 41
Helmholtz-Zentrum 98
Hexenkessel Hoftheater 108
Hochseilgarten Jungfernheide 27
Hochseilgarten Mount Mitte 26
Hörspielführung 22

J
Jacks Fun World 122
Junior Museum 107
Juxirkus 119

K
Katakomben 54
Kerzenwerkstatt »Feuer & Flamme« 79
Kiesgrube 39 f.
Kinder- und Jugendfreizeitzentrum FEZ 43
Kinderakademie 107
Kinderbad Monbijou 132
Kinderbad Plantsch 134
Kinderbauernhof 119
Kinderbauernhof Görlitzer Park 33
Kinderbauernhof Pinke-Panke 32
Kindercircus ufaFabrik 118 f.
Kindercircusfestival 118
Kinder- und Jugendfreizeitzentrum 43
Kindergalarie 107
Kindernachtführung 87
Kindertour »Emils neue Detektive« 23
Kladow 62
Kletterregal 103
Kletterwald 43
KochSpatzen 78
Köpenicker Müggelberge 64
Krumme Lanke 132

L
Labyrinth Kindermuseum 100
Landrover-Tour 46
Landwehrkanal 20
Lehmdorf Makunaima 50
Lehrkabinett 64
LOXX am Alex 80

M
MACHmit! Museum für Kinder 102 f.
Madame Tussauds Berlin 83
Magic Mountain 120
Märchenhütte 108
MauerGuide 24
Miniatur Welten Berlin 80
Minigolfanlage 49
Modellboothafen 49
Modelleisenbahn 80
Modellpark Brandenburg 43
Monbijoupark 108
Müggelsee 21
Müggelturm 64
Museen Dahlem 106
Museum für Naturkunde 92
Museumsdorf Düppel 34
Museumskinderfest 57
Museumspark Rüdersdorf 46 f.
Musiktheater Atze 110

N
Nachtwanderung 37
Nachtwanderung 39
Naturerlebnisprogramm 37
Naturschutzgebiet Barsee, Pechsee, Saubucht 41
Naturschutzzentrum Ökowerk 36 f., 41
Neues Museum 106

141

Register

O
Offenes Atelier 107
Ökowerkralley 37

P
Paracelsusbad 135
Park Sanssouci 70
Parkeisenbahn 42
Pergamonmuseum 106
Pfaueninsel 58
Prenzelkasper 112
Projekt Spatzenkino 69
Puppentheater Felicio 113
Puppentheater Firlefanz 113
Puppentheater-Museum 104 f.

R
Raumlabor »orbitall« 43
Reichstag 15
Reinickendorf 135
Ritterfest 57

S
Schaubude Berlin Theater 114
Schlachtensee 132
Schloss Sacrow 63
Schloss Sanssouci 70 f.
Schmetterlinghaus 127
Science Center Spectrum 96
Sea Life Center 54, 84
Sommerbad Humoldthain 133
Sommerbad Pankow 133
Spree 20
Stadtbad Schöneberg 135
Stadtbad Tempelhof 135
Stadtrundfahrt 14
Strandbad Grünau 133
Strandbad Müggelsee 134
Strandbad Wannsee 133
Strandbad Weißensee 134
Survivalkurs Grunewald 37

T
Tadschikische Teestube 109
Taschenlampenführung 105
Telecafé 15
Teufelsberg 37
Teufelssee 64
The Story of Berlin 82
Theater Miraculum 114
Theaterkurse 116
Tierpark Berlin-Friedrichsfelde 18
Töpfermarkt 29
Treptow 44

U
U-Bahn-Tunnelwanderung 76
Unterhavel 132

V
Verein Berliner Unterwelten e.V. 77
Verein Jugend im Museum 107
Verkehrsschule 43
Volkspark Wuhlheide 42 f.

W
Waldlehrpfad 64
Waldmuseum 38 ff.
Waldschule 38
Walk the wall 24
Wanderung 37
Wannsee 21
Wasserspielplatz 50
Woltersdorf 66 f.
Woltersdorfer Schleuse 67

Z
Zaubertheater Igor Jedlin 115
Zeiss-Großplanetarium 90
Zitadelle Spandau 54 f., 57
Zoo 16
Zoo-Aquarium 86 f.

Ebenfalls erhältlich ...

ISBN 978-3-7654-5442-4

ISBN 978-3-7654-5468-4

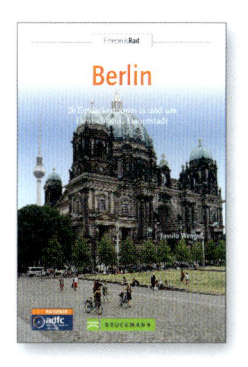

ISBN 978-3-7654-4952-9

ISBN 978-3-7654-4914-7

BRUCKMANN

www.bruckmann.de

Impressum

Unser komplettes Programm:
www.bruckmann.de

Produktmanagement: Susanne Kaufmann
Lektorat: Britta Mümmler, München
Layout: Comtex Mediendesign, Augsburg
Repro: Repro Ludwig, Zell am See
Kartografie: Heidi Schmalfuß, München
Herstellung: Anna Katavic
Printed in Italy by Printer Trento S.r.l.

Alle Angaben dieses Werkes wurden vom Autor sorgfältig recherchiert und auf den aktuellen Stand gebracht sowie vom Verlag geprüft. Für die Richtigkeit der Angaben kann jedoch keine Haftung übernommen werden. Für Hinweise und Anregungen sind wir jederzeit dankbar. Bitte richten Sie diese an:
Bruckmann Verlag
Postfach 40 02 09
80702 München

Bildnachweis: Alle Aufnahmen stammen von der Autorin mit folgenden Ausnahmen:
A. Holzhey: S. 41, 46, 57, 136/137, 138, 139; Beachmitte Berlin MountMitte: S. 27; Berliner Gruselkabinett: S. 74, 75 (2); Bernd Schönberger: S. 108, 109; Biosphäre Potsdam: S. 124, 125, 126, 127; BVG, Donath: S. 76, 77; Deutsches Technikmuseum: S. 88, 89, 90, 97, 98, 99 (2); Dittmann, MfN: S. 93, 94; Exploratorium Potsdam: S. 128, 129; FEZ-Berlin: S. 43, 130/131; Filmpark Babelsberg GmbH: S. 8, 68; frankoppermann – Fotolia.com: S. 78; G. Rademacher, Waldmuseum und Waldschule Grunewald: S. 38; Galli Theater Berlin: S. 116, 117; Grün Berlin GmbH: S. 10, 49, 50, 51; Holger Koppatsch: S. 12/13, 52, 53; I. Haas, Botanischer Garten und Botanisches Museum Berlin-Dahlem: S. 7, 31; Jacks Fun World: S. 1, 122; K. Wendlandt: S. 28, 29; Kahlki Familienfarm Lübars: S. 60; Kinderbauernhof Pinke-Panke: S. 32; Labyrinth Kindermuseum Berlin, André C. Hercher: S. 72/73, 100, 101; LOXX Berlin: S. 80, 81; MACHmit! Museum: S. 102, 103; Magic Mountain Berlin: S. 121; Museumsdorf Düppel: S. 34, 35; Naturschutzzentrum Ökowerk Berlin: S. 36; Puppentheater-Museum Berlin: S. 104, 105; Sea Life Deutschland: S. 5, 85; Stadt im Ohr: S. 22; The Story of Berlin: S. 82, 83; Thomas perkins – Fotolia.com: S. 79; Tierpark Berlin-Friedrichsfelde GmbH: S. 18, 19; ufaFabrik Berlin: S. 9, 118; Zitadelle – FB Kultur: S. 56; Zitadelle Spandau: S54, 55 (2); Zoologischer Garten Berlin AG: S. 16, 86, 87

Umschlagvorderseite: Klettern macht Spaß! (David Davis – Fotolia.com)
Umschlagrückseite: Fantasievolles Spielen und Entdecken im Labyrinth Kindermuseum Berlin
Seite 1: Kleine Softplayanlage in Jacks Fun World Berlin

Die Deutsche Nationalbibliothek verzeichnet diese Publikation in der Deutschen Nationalbibliografie; detaillierte bibliografische Daten sind im Internet über http://dnb.d-nb.de abrufbar.

© 2011 Bruckmann Verlag GmbH
ISBN 978-3-7654-5449-3